EL ARTE DE CONVERTIRSE

Cuando Dios Es El Artista

JOEL ESPINOZA

wichmann & co
Publishing House

Traducción por: Francisco Rubio
Imagen de portada por: Isabela Santiago

Editorial: Wichmann & Co LLC, Estados Unidos
www.wichmannandco.com
hello@wichmannandco.com

ISBN (tapa blanda): 979-8-9934623-5-6
ISBN (e-book): 979-8-9934623-4-9

Primera edición, mayo 2026. Impreso en Estados Unidos de América.

CONTENIDO

LOS TRAZOS DEL COMIENZO

Algunas historias se sienten como bocetos incompletos. Algunos comienzos duelen. Algunos caminos se sienten como si el mundo se hubiera quedado en silencio, pero en ese silencio, el Artista habla suavemente, llamándote por tu nombre.

Quizá te preguntes: "¿Quién es este Artista?" Me alegra que lo preguntes. Su nombre es Dios.

Esta es una de esas historias. No porque sea perfecta, sino porque es real. Porque es mía… y también es tuya.

Escribí este libro para cualquiera que alguna vez se haya sentido incompleto, pasado por alto o roto. Para el que carga vergüenza, lucha con dudas o cuestiona su propósito. Para el que siente que los errores del pasado lo marcaron para siempre. Para el que se pregunta si el plan de Dios algún día se mostrará en medio del desastre.

Conozco bien esos sentimientos. He peleado con el fracaso y la vergüenza. Hubo momentos en los que el lienzo de mi vida se sentía en blanco, como si no tuviera idea de lo que Dios estaba pintando después. He hecho preguntas en el silencio, preguntándome si alguien – incluso Dios – estaba escuchando. Y aun así, en todo eso, descubrí una verdad que lo cambió todo: Cuando Dios es el Artista, nada se desperdicia. Cada momento roto, cada paso en falso, cada temporada de espera forma parte del lienzo que Él está creando. Incluso las cicatrices tienen significado. Incluso los desvíos tienen propósito. Incluso el silencio puede contener la promesa de algo nuevo.

Piensa en Abraham, llamado a un lugar donde nunca había estado, invitado a confiar en Dios aun cuando el resultado parecía imposible. En la montaña, levantó sus ojos, y Dios proveyó un carnero atrapado en un arbusto. El plan de Dios no eliminó el viaje ni la lucha; lo encontró en el proceso y convirtió la historia en una promesa.

Este libro es un recorrido por valles y victorias. Por momentos en los que quise rendirme, cuando el miedo hablaba más fuerte que la fe, cuando la vida se sentía incompleta y desordenada. Es la historia de un Dios que forma, restaura y transforma, convirtiendo la ruptura en belleza y la desesperación en propósito.

Leerás sobre momentos en los que caí, sobre las lecciones que aprendí en el silencio y en el caos. Verás cómo la rendición, la confianza y la fe no son ideas abstractas, sino cuerdas de vida que conducen a la restauración.

Y quiero que sepas esto: Tu historia no ha terminado. No

importa cuán oscuro se sienta el camino. No importa cuán silencioso parezca el mundo. Dios sigue obrando, formando, moldeando y creando en ti.

Este libro es una invitación. A confiar en el Artista, aun cuando no entiendes el proceso. A abrazar el "convertirte", aun cuando es incómodo. A creer que cada paso, cada lucha y cada cicatriz forman parte de la obra maestra que Dios está creando en tu vida.

Y el Artista... sigue trabajando.

Mientras Dios continuaba Su obra en mí, no solo sanó mi corazón, sino que restauró algo mucho más grande. Parte de esa restauración fue mi familia. Mi esposa, Celia, ha sido una de las expresiones más claras de gracia que he experimentado. La manera en que ve a Dios y camina con Él me ha mostrado redención y misericordia de formas que antes no entendía.

También me confió tres hijos increíbles: JJ, Joy y Olivia. Cada uno tiene su propia historia, su propia personalidad y su propio lugar en mi corazón. Son algo especial. Recordatorios vivos de la bondad de Dios, Su misericordia y Su compromiso de mantenerme humilde y con los pies en la tierra... mientras todavía me deja creer que soy un papá bastante cool. Los conocerás más adelante en estas páginas.

Tu historia no está terminada. Apenas está comenzando.

CAPÍTULO UNO

Convertirse No Siempre Es Hermoso

Cuando éramos niños, la mayoría soñábamos con tener una vida perfecta. Recuerdo decirle a todos: "Cuando crezca, voy a ser doctor y voy a tener mucho dinero."

Mis papás trabajaron duro por mi hermano y por mí. Su primera casa estaba en el área de Fair Park, en el sur de Dallas. No teníamos mucho, pero nunca faltó comida en la mesa. Recuerdo a mi mamá preparándonos sándwiches de pollo para nuestro viaje a Six Flags. No podíamos pagar la comida dentro del parque, pero cuando llegaba la hora de comer, comíamos bien.

En ese entonces, las caricaturas solo salían los fines de semana. Una de mis favoritas era ThunderCats. Me paraba frente al espejo, con una espada de juguete, gritando: "¡Thunder! ¡Thunder! ¡ThunderCats... HO!"

Ver a mis padres esforzarse día tras día se me quedó grabado. Me enseñaron ética de trabajo, sacrificio y cómo seguir adelante en tiempos difíciles. Pero mientras fui creciendo, todo empezó a cambiar: mis intereses, mis prioridades y hasta mis sueños. Yo quería un futuro, pero todavía no entendía el costo de convertirme en alguien capaz de sostenerlo.

Quizá te preguntes: "¿Por qué cambiaron tus sueños?" Creo que muchos pueden relacionarse con mi respuesta:

Los sueños sin dirección eventualmente se desmoronan. Tener metas grandes sin guía es como manejar un carro sin seguro; un error, y todo puede colapsar. Sin alguien que te ayude a ver con claridad o a dirigir tus pasos, las cosas pueden desmoronarse rápido. Ninguno de nosotros sabe cómo se verá la vida dentro de diez o veinte años. Muchas decisiones que tomamos no terminan como esperábamos.

¿Alguna vez te has preguntado: ¿Y si nunca debí salir con esa persona? ¿Y si no debí tomar ese trabajo? ¿Cómo sería mi vida si hubiera regresado a la escuela y terminado una carrera?

Yo no era bueno para recibir consejos cuando era joven. Como muchos adolescentes, pensaba que ya lo sabía todo. Aceptar consejos se sentía como debilidad, como admitir que no sabía lo que estaba haciendo. Recuerdo que alguien una vez me dijo: "No salgas con nadie si no tienes trabajo." Me pareció ridículo. Pensé que el amor era suficiente. Spoiler alert: no lo era. Esa mentalidad me siguió hasta la vida real. Quería bendiciones de adulto con una mentalidad de niño. Quería el paquete completo sin hacer el trabajo. Aprendí esa lección de la manera difícil. Llevé a una chica a Olive Garden con solo 20 dólares en la bolsa. Antes de que te rías o me juzgues, recuerda: nunca había ido antes. No sabía lo caro que era, especialmente para un chavo de 16 años. Cuando llegó la cuenta, la realidad me golpeó. Yo estaba muerto de hambre… pero solo comí ensalada mientras ella disfrutaba su pasta. No era solo el dinero. Fue el momento en que me di cuenta de que quería cosas para las que no estaba listo. Quería una relación sin responsabilidad, el sueño sin la disciplina. Viendo hacia atrás, ojalá hubiera escuchado. Pero más que eso, agradezco haber aprendido temprano, porque convertirse no se trata solo de lo que quieres, sino de en quién estás dispuesto a crecer.

Una de las lecciones más grandes que he aprendido es la importancia de mantenerte abierto a la sabiduría y experiencias de otros. Estoy increíblemente agradecido por quienes invirtieron en mi vida. Personas que compartieron sus historias – dolorosas, desafiantes o divertidas –. Esas conversaciones me formaron. Moldearon mi carácter y cambiaron mi perspectiva.

Hay un dicho que he adoptado: "Si quieres crecer en sabiduría, escucha a quienes han caminado un poco más adelante." Han visto más. Han pasado por más. Y cargan una sabiduría que podría ahorrarte dolor, si estás dispuesto a escuchar.

Si hay algo que sé es esto: Tus cicatrices no te descalifican; testifican que Dios aún no ha terminado contigo.

Léelo otra vez. No dejes que la vergüenza te convenza de que tu historia debe permanecer oculta.

¡TU HISTORIA IMPORTA!

Este libro trata de ser real. De mi viaje, mis fracasos y mis victorias. Mi esperanza es que al compartir mi historia, recuerdes cuán fiel es Dios, incluso cuando la vida no tiene sentido. Tómate un momento y reflexiona sobre tu propia vida. Piensa en las decisiones que lamentas... los desvíos que tomaste... los momentos en los que pensaste que Dios estaba en el asunto, solo para darte cuenta después de que eras tú quien estaba al volante.

¿Puede Dios perdonar eso? ¿Puede redimirlo? Absolutamente.

Pienso en los israelitas. Su viaje de Egipto a la Tierra Prometida estuvo lleno de retrasos, malas decisiones, quejas y fracasos. Pero Dios nunca se rindió con ellos. Fue paciente. Fue misericordioso. Y aun así los llevó a su destino. De la misma manera, tu vida puede tener desvíos, retrocesos y momentos que no entiendes. Tal vez no esperabas que tu historia incluyera dolor o rechazo. Tal vez has pasado años preguntando: "¿Por qué a mí?" o "¿Qué hice para merecer esto?" Pero quiero que sepas: Tu historia no ha terminado. Puede que no hayas elegido la lucha, pero fuiste creado para superarla. Y en todo eso, Dios sigue escribiendo algo hermoso en tu vida.

Incluso si todo parece desmoronarse – tu hogar, tus finanzas, tu identidad - no te pierdas esto: Dios sigue escribiendo tu historia.

Mientras comencé a ver mi propia historia con claridad, también empecé a ver el corazón de Dios para otros. La misma gracia que nunca me dejó en mi desastre estaba moldeando silenciosamente mi llamado, mucho antes de que yo pisara un púlpito.

Mi "sí" no comenzó en un púlpito. La mayoría no sabe esto... yo nunca imaginé que un día predicaría o hablaría en diferentes iglesias. Solo era un joven con un corazón para servir, aunque no lo tuviera todo resuelto.

A los 18, asistí a una escuela bíblica en México llamada Magdiel. No sabía qué me deparaba el futuro; solo sabía que tenía hambre de crecer, aprender y ser usado por Dios. Mi "sí" no comenzó con multitudes. Comenzó en caminos de tierra, en iglesias pequeñas, en pueblos, incluso en camiones. Sin micrófono. Sin escenario. Sin redes sociales. Solo un mensaje de esperanza y un Dios que ya estaba obrando.

Y hasta hoy, sigo asombrado por las puertas que Dios ha abierto. He hablado en lugares grandes y pequeños. No porque sea el más talentoso, sino porque Él es fiel. Pero déjame ser honesto... todavía tengo dudas. He predicado con todo mi corazón y he salido preguntándome: "¿Eso sirvió de algo?" He visto altares vacíos. Salas silenciosas. Y le he preguntado a Dios: "¿Fui obediente?" En un mundo de likes, compartidos y plataformas, es fácil compararte. Pero Dios me ha recordado una y otra vez: No fuiste llamado a competir. Fuiste llamado a ser fiel.

Cada vez que hablo, lo hago por gracia. Sigo aprendiendo. Sigo creciendo. Sigo dependiendo de Él.

Dios usa personas imperfectas. Aunque mis padres son de México, el inglés fue mi primer idioma. No aprendí español hasta que viví allá. Y aun hoy, cuando predico en español, a veces se me traban las palabras. La gente dice: "¡Tu español es muy bueno!" Pero por dentro, yo sé la lucha. A veces tartamudeo. A veces me siento fuera de lugar o inseguro. Pero he aprendido esto: Dios no busca perfección. Busca obediencia.

Algo que me ha ayudado a seguir adelante es recordar: Lo que estás viviendo quizá ni siquiera se trate de ti, sino de lo que Dios quiere hacer a través de ti. Esa oración que has estado esperando... esa puerta cerrada... esa lucha... podría ser exactamente lo que Dios usará para alcanzar a alguien más. Eso no significa que Él te haya olvidado; solo significa que tu victoria aún está en el horno.

Pienso en eso cuando veo a mi esposa hornear. Ella mezcla cada ingrediente con cuidado, mete el molde al horno y espera. Pero antes de sacar el pastel, toma un cuchillo y lo inserta en el centro para asegurarse de que esté listo. Dios hace lo mismo con nosotros. Revisa nuestro corazón. Espera hasta que estemos listos desde adentro hacia afuera. Porque lo último que quiere es darnos algo demasiado pronto y ver cómo se desmorona.

Pero parte de mi inseguridad no comenzó en un escenario ni detrás de un micrófono. Comenzó mucho antes, cuando aún no tenía palabras para describirlo.

La parte más difícil de mi historia. Hay algo que no he compartido todavía. No es fácil hablar de esto, pero es importante.

Cuando era niño, fui abusado sexualmente por un hombre de nuestro vecindario. Me ofreció dulces si caminaba con él a la tienda. Mi mamá estaba cocinando. Mi papá estaba en el trabajo. Yo estaba andando en mi bicicleta frente a la casa. Y así... mi inocencia fue robada.

Crecí a la defensiva, enojado y lleno de miedo. El trauma tiene una manera de moldear cómo ves a las personas. Pero eso no significa que tengamos que vivir amargados. No significa que estamos descalificados. Con el tiempo, me di cuenta de que tenía una elección:

Podía dejar que el dolor me destruyera... O podía dejar que Dios lo usara. No fue fácil. La sanidad no es instantánea. Pero por la gracia de Dios, elegí sanar. Y hoy, por Su mano poderosa, estoy aquí para decirte: Dios también puede usar tus cicatrices. No comparto esto para recibir lástima. Lo comparto porque alguien leyendo esto quizá no sabe cómo hablar de su dolor. Y si mi historia ayuda a esa persona a dar un paso hacia la sanidad, vale la pena.

Si has pasado por trauma, escucha esto: Tu historia no ha terminado. Tu dolor tiene propósito. Tu voz importa. Tu testimonio puede traer sanidad. Dios no ha terminado contigo.

Todo esto – el dolor, el miedo, el desorden que has cargado – no está perdido. Es parte de tu historia, y Dios está listo para tomarlo, redimirlo y usarlo para Su gloria.

Ahora mismo, puedes entregárselo todo.

UNA ORACIÓN DE RENDICIÓN Y TRANSFORMACIÓN

Convertirse no siempre es hermoso, pero siempre es intencional cuando Dios es quien te está formando.

Dios,
Ayúdame a ver a otros con Tus ojos.
Enséñame a amar como Tú amas.
Ayúdame a perdonar, aun cuando es difícil.
Dame paz y paciencia en la espera.
Te entrego cada parte de mi vida, especialmente las que escondo.
Sana lo que aún está roto en mí, incluso lo que no hablo.
Recuérdame que mi historia no ha terminado y que Tú puedes traer propósito del dolor.
Usa mis cicatrices como recordatorios de Tu fidelidad.
Dame valor para hablar, aun cuando mi voz tiemble.
Que mi vida apunte a Ti, no a mi fuerza, sino a la Tuya.
Usa mi historia para Tu gloria.
`Amén.

CAPÍTULO DOS

Haz Espacio
Dios No Puede Llenar Lo Que Ya
Está Lleno

Cuando Llueve, Llueve a Cántaros. ¿Alguna vez has sentido que la vida te golpea desde todos los ángulos?

Seguramente has escuchado la frase: "Cuando llueve, llueve a cántaros." Si eres como yo, has tenido momentos en los que todo se siente pesado: tu mente, tu corazón, tu espíritu. Momentos en los que, sentado solo en tu carro, te dices en silencio: "¿Qué más puede salir mal?" o "Dios... ¿ahora qué?"

Es increíble lo rápido que nuestra mente puede volverse en nuestra contra, llenándose de miedo, ansiedad y escenarios terribles. Incluso cuando otros intentan animarte, lo único que puedes ver es el dolor, la presión y los problemas frente a ti. La vida puede sentirse aplastante, como si te golpeara por todos lados. Pero incluso en la tormenta, Dios está obrando. Él está ahí, invitándote a pausar, a apoyarte en Él y dejar que Su Espíritu guíe tus pensamientos en lugar de permitir que el caos tome el control.

ROMPIENDO EL CICLO

Entonces, ¿cómo rompes ese ciclo? ¿Cómo silencias el ruido y cambias tu manera de pensar?

Todo comienza enfrentando lo que has estado alimentando en tu mente.

Según el Laboratorio de Neuroimagen de la USC, la persona promedio tiene 48.6 pensamientos por minuto, más de 70,000 al día. Es una inundación de información, emociones y distracciones. Pero aquí está la pregunta más profunda:

¿Qué estás permitiendo que viva en tu mente sin pagar renta?

La Biblia dice:

> "Así que preparen su mente para la acción y
> ejerzan dominio propio."
>
> 1 Pedro 1:13 (NTV)

Tu mente necesita dirección desde el momento en que tus pies tocan el piso. Porque si tú no diriges tus pensamientos, tus pensamientos te dirigirán a ti.

Si vas manejando al trabajo y tu esposa dice algo que te toca un nervio, o aparece un detonante – pausa. No respondas de inmediato. No digas lo primero que te viene a la mente. Respira.

Aléjate si es necesario. Y ora. Deja que Dios te ayude a responder, no a reaccionar.

Puede que sientas que ya intentaste todo, pero tus emociones siguen tomando el control. Por eso yo comienzo cada mañana con esta oración sencilla: "Dios, dame Tus pensamientos para pensar como Tú, y Tus palabras para hablar como Tú."

No es una fórmula mágica. Es una rendición momento a momento, confiando en que Dios guíe tu mente y tus palabras.

La Escritura nos dice:

> "Lleven cautivo todo pensamiento y háganlo obedecer a Cristo."
>
> 2 Corintios 10:5 (NVI)

No siempre puedes evitar que un pensamiento llegue, pero sí tienes autoridad para decidir qué se queda. No todo pensamiento merece acceso.

Tu mente es como una bandeja de entrada. Algunos mensajes son verdad. Otros son puro spam. Y así como borras correos basura, también debes eliminar pensamientos tóxicos. Tu espíritu no puede prosperar cuando tu mente está saturada. No escucharás a Dios claramente cuando tu bandeja mental está llena de mentiras, vergüenza, miedo, lujuria y amargura. No verás propósito cuando tu visión está nublada por el dolor y las opiniones de otros. Hasta que no saques lo que está matando tu paz, no habrá espacio para lo que Dios quiere derramar.

Pablo lo dijo así:

> "Concéntrense en todo lo que es verdadero, honorable, justo, puro y hermoso."
>
> Filipenses 4:8 (NTV)

Cuando tus pensamientos se desvíen hacia la oscuridad, cambia el canal. Apaga el "Canal Negativo". Silencia el "Canal Miedo". Sintoniza el "Canal Esperanza". Elige enfocarte en la verdad, no en el trauma. Limpiar tu mente es el primer paso. La verdadera dirección llega cuando permites que Dios guíe tus pasos y dé forma a tu propósito.

PERDIDO SIN DIRECCIÓN

Estar perdido no solo se trata de no saber a dónde ir. Se trata de hacer espacio. Espacio en tu mente, tu corazón y tu espíritu. Hasta que no limpies el desorden, las mentiras y las etiquetas viejas, no habrá lugar para que Dios derrame lo que tiene para ti.

¿Alguna vez has estado en un viaje, completamente perdido, pero demasiado terco para detenerte y pedir direcciones? Sigues manejando, esperando que algo familiar aparezca. Así vive mucha gente hoy. Sin GPS. Sin mapa. Sin dirección. Solo movimiento. Pero el movimiento sin propósito es solo ruido. Estás corriendo en el mismo lugar, no avanzando.

Así que déjame preguntarte: ¿Cuánto tiempo has estado espiritualmente perdido? ¿Cuántos meses... o años... has estado en modo de supervivencia? Antes de presionar "play" en tu vida otra vez, pregúntate: "¿Realmente quiero cambiar?"

Es fácil señalar a otros. Pero el crecimiento real comienza con un espejo honesto. ¿Qué hay en mí que necesita cambiar?

Rompiendo Etiquetas

Dios plantó identidad en ti con raíces más profundas que cualquier etiqueta que te hayan puesto. Pero el ruido del mundo —palabras, heridas, opiniones— puede hacer difícil reconocer lo que Él puso dentro de ti.

Recuerdo que en tercer grado me sacaron de clase para terapia de lenguaje porque tartamudeaba. Los niños se reían. Nos llamaban "el grupo lento". Y por mucho tiempo, lo creí. Por mi tartamudeo también tenía un ceceo. Encima de eso, tenía acné severo. Los niños decían cosas como: "Oye, juguemos gato en tu cara" o "¿Quién pidió pizza de pepperoni?" Esas palabras me hirieron profundamente y construyeron capas de inseguridad a mi alrededor.

¿Y tú? ¿Qué palabras te dijeron que convertiste en permanentes?

¿Quién te etiquetó? ¿Quién te mintió?

Aquí está la verdad: La perspectiva de Dios pesa más que la opinión del hombre. Tu sanidad comienza cuando empiezas a creer lo que Él dice de ti. Conocer la verdad de Dios solo es poderoso si eliges vivirla, si eliges dejar que dé forma a tu vida hoy.

Pero aquí está el detalle... La fe sin acción se queda estancada. Tienes que quererlo. Tienes que querer que la verdad de Dios dé forma a cómo piensas, cómo actúas y cómo te ves a ti mismo.

EMPIEZA AHORA

Si no estás contento con dónde estás, no solo te quejes. Haz algo al respecto. No mañana. No el próximo año. Ahora. No necesitas una resolución de Año Nuevo. Necesitas una revelación de este momento.

Hemos usado nuestras luchas como excusa para quedarnos estancados por demasiado tiempo. Hemos convertido nuestro trauma en nuestra personalidad. Hemos dejado que las voces equivocadas apaguen la voz de Dios.

Pero te reto a cambiar la narrativa. Te reto a hablar vida en medio de tu valle. Verte como Dios te ve es solo el comienzo. Abre tu corazón por completo y deja que Él guíe tus pasos. No solo escuches esto; deja que la verdad de Dios eche raíces en tu corazón. Que dé forma a tus pensamientos, guíe tus acciones y fortalezca tus pasos en cada temporada.

Una Llamada de Despertar

Este capítulo no es un discurso motivacional. Es una alarma espiritual. Es tiempo de levantarte. Es tiempo de soltar el desorden. Es tiempo de recuperar tu mente y reclamar tu identidad en Dios.

Yo mismo me he dicho cosas negativas a lo largo de los años: "Jamás vas a terminar nada." "Eres demasiado inconsistente." "Eres de doble ánimo." Incluso ahora, mientras escribo esto, estoy rompiendo esas cadenas.

Y quiero decirle a alguien que está leyendo: La fiesta de lástima se acabó. No más cuartos oscuros. No más aislamiento. No más autosabotaje mental. Dios no te dio una mente derrotada. Te dio la mente de Cristo.

> "Deja que Dios te transforme en una persona
> nueva al cambiar tu manera de pensar."
>
> Romanos 12:2 (NTV)

Probablemente tú mismo lo has dicho: "Necesito cambiar." Has buscado respuestas, has pedido consejos y aun así te has sentido estancado. La verdad es que la transformación real comienza cuando te rindes a Dios. Cuando dejas de intentar arreglarlo todo por tu cuenta y permites que Él tome el control.

VE A LA FUENTE

Recuerda esto: No estás roto sin remedio. Fuiste diseñado por el Creador del universo. Si tu carro se descompone, no lo llevas a una compañía que no lo fabricó. Lo llevas al fabricante. Entonces, ¿por qué buscas arreglos temporales... alcohol, sexo, chismes, distracciones, cuando Aquel que te hizo te está esperando pacientemente? Deja de intentar reparar lo que solo el Maestro Constructor puede reconstruir desde los cimientos.

Regresa al Fabricante. Deja que Él reinicie tu mente, sane tu corazón y restaure tu alma. Todo el desorden, las mentiras y el miedo que has cargado no te definen. Puedes entregárselos a Dios. Deja que Él quite el peso, restaure tu corazón y tu mente, y te llene con Su verdad y Su presencia.

UNA ORACIÓN DE REMOCIÓN Y RENOVACIÓN

Dios,
He estado preguntando: "¿Qué sigue?"
Pero ahora veo que Tú ya estabas preparando lo que sigue.
Perdóname por permitir que mis pensamientos me llevaran al miedo, la duda y la confusión.
Te entrego mi mente.
Limpia el desorden. Rompe cada mentira.
Lléname con Tu paz, Tu verdad y Tu voz.

Ayúdame a dejar de buscar consuelos falsos y correr hacia la única Fuente que satisface.

Crea en mí un corazón nuevo, listo para Ti.

Te doy acceso total.

En el nombre de Jesús,

Amén.

CAPÍTULO TRES

Cuando el Camino Se Rompe,
Dios Construye

¿Alguna vez has manejado por un camino en construcción, solo para darte cuenta demasiado tarde de que te pasaste la salida? Te ves obligado a tomar un desvío y, de repente, nada se ve familiar. No hay señalamientos. Los carriles están cerrados. Tu GPS recalcula una y otra vez, pero tampoco parece entender.

No te puedo decir cuántas veces he ido en el carro con mi esposa, y ambos pensamos que sabemos exactamente hacia dónde vamos. Yo digo: "Es la siguiente salida."

Ella dice: "No, ya te la pasaste." Y antes de darnos cuenta, estamos fuera de rumbo, en medio de la nada, viéndonos como diciendo: "Ups."

Así es exactamente como la vida puede sentirse a veces. Crees que vas por el camino correcto. Tienes tus metas, tus planes y tu propio calendario. Pero en algún punto, las cosas empiezan a desmoronarse. De repente, nada tiene sentido. La ruta en la que estabas ahora parece un laberinto confuso sin dirección clara.

Muchos de nosotros estamos en una temporada de construcción donde la vida se siente hecha pedazos: el matrimonio, el ministerio, las finanzas, incluso tus emociones. Pero que tu camino se vea desordenado no significa que estés perdido. Como lo recuerda la canción: "Estaba perdido, pero ahora soy hallado." Dios nunca pierde de vista tu camino. Aunque tu GPS se confunda, la dirección de Dios sigue funcionando.

Recuerdo cuando el centro de Dallas pasó por una reconstrucción enorme de las autopistas. Se agregaron carreteras nuevas y se desviaron las antiguas; era un desastre. La vida puede verse exactamente así. Estás siguiendo la visión que Dios te dio. Estás leyendo Su Palabra. Estás enfocado. Y entonces llega la pérdida, la enfermedad, o se cierran puertas. De repente preguntas: "¿Me perdí de algo?"

Pero el Señor dice:

> "¡Voy a hacer algo nuevo! Ya está sucediendo, ¿no se dan cuenta? Estoy abriendo un camino en el desierto y ríos en lugares desolados."
>
> Isaías 43:19 (NVI)

Aun cuando parece que el camino se está rompiendo debajo de ti, Dios está construyendo algo más grande. Él abre puertas en lugares imposibles. Ablanda corazones endurecidos. Revive sueños que parecían muertos. Donde tú pensaste que todo había terminado, Dios vuelve a empezar. Él no está confundido; Él está construyendo. Y como en toda zona de construcción, habrá polvo, retrasos e incomodidad, pero el camino nuevo siempre vale la pena. No dejes que el orgullo te haga perderlo a veces perdemos salidas divinas, no porque Dios no haya hablado, sino porque el orgullo nos dijo que no necesitábamos escuchar. Nos decimos: "Yo sé lo que hago", o "Yo puedo solo."

Déjame retarte: piensa en las veces que dijiste "Yo puedo solo." ¿Cómo salió eso? Probablemente no como lo planeaste. Porque hay cosas que no fueron hechas para que las *arreglarás* tú solo. Si no eres electricista, no te pones a cablear tu casa. Si no eres doctor, no te diagnósticas tú mismo. Y si no eres Dios, no puedes controlar todo. La verdadera sabiduría llega cuando dejas de intentar hacerlo todo tú solo y te rindes ante Aquel que sí ve el panorama completo.

Un día intenté pintar un cuarto pequeño yo solo. Me tomó casi tres horas pintar solo una pared. Cuando mi esposa llegó, la miré directamente a los ojos y le dije: "Hay que contratar a un pintor." Nos reímos, y sabíamos perfectamente que me había salido de mi liga. Ese momento me enseñó algo: la humildad no es debilidad. Es sabiduría.

> "Cuando llega el orgullo, llega el deshonor; con
> la humildad viene la sabiduría."
>
> Proverbios 11:2 (NVI)

Algunos de nosotros estamos atorados, no porque Dios no

abrió la puerta, sino porque nuestro orgullo nos impidió cruzarla. No solo tragues tu orgullo; entrégaselo a Dios. Decir "Me equivoqué" no te hace débil; te hace libre. Decir "Lo siento" no es retroceder; es donde comienza la sanidad.

Cuando dejas de proteger cada herida, invitas a Dios a entrar en los lugares que más necesitan ser restaurados.

El Dolor Puede Nublar el Camino A veces es el dolor que nunca sanaste el que te hace perder las salidas de la vida, las que no viste venir.

El dolor nubla todo: tu valor propio, tu confianza, incluso cómo ves a Dios. Es como manejar en medio de una tormenta sin luces. El camino desaparece. Tus manos aprietan el volante. Lo único que quieres es salir de ahí.

Creo que el dolor tiene voz. Te dice que te escondas. Que te quedes callado. Que finjas estar bien para no volver a ser lastimado. Pero aquí está la verdad: Dios no huye de lo roto. Él se acerca. Él te encuentra justo donde duele. No con vergüenza, sino con sanidad.

> "El Señor está cerca de los quebrantados de corazón y salva a los de espíritu abatido."
>
> Salmo 34:18 (NVI)

Tu dolor no es una descalificación. Es preparación. Es un llamado a rendirte. No puedes ser reconstruido si sigues aferrado. Tal vez es trauma, amargura, decepción. Lo has cargado suficiente tiempo. Hoy, entrégaselo a Él. Deja que restaure lo que se ha roto. Deja que sane lo que te ha tenido cautivo.

Incluso el rey David oró:

> "Examíname, oh Dios, y conoce mi corazón; pruébame y conoce mis pensamientos. Señálame cualquier cosa que te ofenda, y guíame por el camino eterno."
>
> Salmo 139:23 (NVI)

Es una oración valiente. Es como decirle al Gran Médico: "Revisa cada parte de mí. Muéstrame lo que está mal para que Tú lo hagas bien." El Miedo Puede Paralizarte Cuando el dolor se queda enterrado, no desaparece; se convierte en miedo. Miedo a ser herido otra vez. Miedo a perder el control. Miedo a lo que podría pasar.

¿Alguna vez has estado tan ansioso que ni siquiera podías respirar? Yo he estado ahí. He tenido ataques de pánico manejando, sintiendo que algo terrible iba a pasar sin motivo alguno. He estado sentado en el trabajo, en silencio y abrumado, esperando que nadie notara cuánto estaba luchando.

La ansiedad puede convertirse en un conductor silencioso. Guiará tu vida si la dejas. Pero justo en ese momento, en medio del pánico, puedes entregárselo a Dios. No después de que lo arregles. No cuando todo tenga sentido. Ahí mismo, tomado de Su mano, dejando que Su paz enfrente tu miedo.

> "No se inquieten por nada; más bien, en toda ocasión, con oración y ruego, presenten sus peticiones a Dios y denle gracias. Y la paz de Dios, que sobrepasa todo entendimiento, cuidará sus corazones y sus pensamientos en Cristo Jesús."
>
> Filipenses 4:6–7 (NVI)

He sentido esa paz. La clase de paz que no tiene sentido en tu situación, pero que calma tu espíritu como nada más puede. Cuando hablo con Dios, me siento como un niño que se sube al regazo de su Padre: seguro, protegido y visto. Deja que Dios Sea tu Guía

Voy a ser real: no hay atajos para sanar. Pero siempre hay un camino hacia adelante. Si te pasaste la salida... si te sientes roto, avergonzado o perdido... Dios no ha terminado contigo. Él sigue construyendo. Sigue redireccionando tu vida. No para retrasarte, sino para desarrollarte. Déjalo guiarte de vuelta al propósito. Cuando Él diga, "Toma esta salida," confía, aunque no veas todo el camino. Él no solo te está restaurando; te está haciendo nuevo.

Estás acercándote a tu destino. Sigue adelante. Has llegado.

UNA ORACIÓN POR REDENCIÓN AL BORDE DEL CAMINO

Dios,

Reconozco que ha habido momentos en los que pensé que sabía el camino. Momentos en los que el orgullo me dijo que no necesitaba ayuda. Momentos en los que el dolor me cegó y el miedo me paralizó. Pero hoy, me rindo.

Te entrego mis desvíos. Te entrego las salidas que perdí, las oportunidades que desperdicié y la vergüenza que he cargado. Te doy cada pedazo roto de mi historia y te pido que me reconstruyas desde adentro hacia afuera.

Escudriña mi corazón. Saca a la luz cada pensamiento ansioso, cada herida oculta y cada identidad falsa de la que me he aferrado. Derriba lo que tenga que ser derribado. Sana lo que ha estado doliendo. Quita el desorden, la confusión y el ruido hasta que pueda escuchar Tu voz otra vez.

Guíame de vuelta al propósito. Aun cuando el camino se vea desconocido, ayúdame a confiar en que Tú sigues en control. Recuérdame que lo que parece un retraso muchas veces es tu preparación. Dame el valor para tomar la salida que Tú me muestras, incluso cuando no puedo ver lo que hay del otro lado.

Gracias por nunca dejarme varado. Creo que no solo estás arreglando mi camino... estás construyendo algo completamente nuevo.

En el nombre de Jesús,

Amén.

Capítulo Cuarto

El Secreto que Odié,
La Gracia que Encontré

Hace unos años, mi esposa me regaló un iPad nuevo. ¡Me encantaba! Lo usé tanto que con el tiempo terminó desgastándose. Avanzamos hasta una Navidad reciente: fuimos a visitar a la familia en Arizona y, el mismo día que llegamos, ella me sorprendió con un iPad nuevo. Yo estaba emocionado. Emocionado como niño en Navidad. Durante los siguientes días, me dediqué a buscar la funda perfecta. No quería ni un rasguño ni una grieta. Incluso intenté usar la funda vieja, pero no le quedaba. Y seguramente ya sabes hacia dónde va esta historia.

Una tarde, mi suegra me dijo que tenía una sorpresa para mí. Mientras hablaba, el iPad estaba sobre mis piernas. Abrí su regalo: un suéter y unos jeans muy bonitos. Me levanté para abrazarla y, en cámara lenta, vi cómo el iPad se deslizó de mi regazo y cayó de frente al piso.

Todos se quedaron congelados. Yo me quedé ahí parado, con el corazón hundiéndose. Cuando por fin lo levanté, era exactamente lo que temía: la pantalla estaba hecha pedazos. Mientras miraba el iPad roto, me cayó el veinte: ese pequeño dispositivo era un espejo de mi vida con Dios, mostrándome lo fácil que es enfocarme en lo que está roto en lugar de enfocarme en Él.

La Vergüenza de Romper lo que se te Dio

Me sentí terrible. No solo porque se rompió, sino porque mi esposa acababa de regalármelo. Sentí que la había decepcionado.

¿Cuántas veces hacemos lo mismo con Dios? Arruinamos lo que Él nos ha dado: una promesa, una relación, una oportunidad para hacer lo correcto... y la vergüenza nos golpea fuerte. Nos quedamos mirando lo que está roto en vez de apoyarnos en Su misericordia y correr de regreso a Aquel que nos lo dio.

> "Cada uno de ustedes ha recibido de Dios alguna capacidad especial. Úsenla bien en el servicio a los demás."
>
> 1 Pedro 4:10 (TLA)

Todo lo que tenemos; nuestros talentos, nuestro tiempo, nuestra historia, viene de Él. Nada es al azar y nada es solo para nosotros. Cada habilidad, cada palabra, cada acto de amor está diseñado para derramarse en la vida de otros. Tu voz, tu creatividad, tu capacidad de escuchar, animar, construir, enseñar, servir o simplemente estar presente con amor. No solo cargas un don. Tú eres un don, puesto intencionalmente en este mundo para hacer una diferencia que solo tú puedes hacer.

¿CUÁL ES TU DON?

Tal vez tienes el don de liderar, animar, enseñar, cocinar, reparar cosas o servir. Sea lo que sea, no te fue dado solo para ti. Pedro dijo: "Úsalo bien." No lo escondas. No lo desperdicies. No lo entierres.

Dios nos da dones, pero la vergüenza, el miedo o las luchas ocultas pueden frenarnos. Lo sé porque yo he estado ahí.

Algunos hemos guardado nuestros dones bajo llave por causa del dolor: experiencias difíciles en la iglesia, desilusiones o temporadas lejos de Dios. Pero Su corazón hacia ti no ha cambiado. Él te dio ese don por una razón. Deja de creer la mentira de que tu tiempo ya pasó, que estás acabado o que estás atrapado en tu pasado. Su misericordia es nueva cada mañana, y Él está listo para ayudarte a usar lo que te ha confiado.

MI LUCHA SECRETA

Esto no se trata solo de un iPad roto o de talentos. Es más profundo. Es personal. Sería fácil decir que siempre lo hice bien, que siempre caminé en libertad. Pero no sería verdad. Sé lo que es cargar un don en una mano y culpa en la otra. Servir en público mientras luchas en privado. Tal vez tú también has estado ahí: sonriendo por fuera mientras escondes algo que no sabes cómo soltar.

He amado compartir la Palabra de Dios desde que era adolescente. He predicado en ciudades que nunca imaginé visitar, he conocido personas que marcaron mi vida y he servido en el ministerio por más de 25 años. Por fuera, parecía que todo iba bien. Pero la verdad es que el éxito en el ministerio no borra las batallas que peleamos en secreto.

Hubo una temporada en la que cargaba un peso oculto, algo que me avergonzaba admitir: la pornografía. Sí. En el instituto bíblico. Mientras servía en el ministerio.

Todo comenzó como una curiosidad silenciosa. Un momento que pensé que podía controlar, pero que me arrastró a una tormenta. Tenía 19 años, estaba en casa de un amigo, cuando vi algo que sabía que no debía ver. Mis manos temblaban, mi pecho latía fuerte, y todo en mí gritaba que me detuviera... pero presioné "play" de todos modos. En ese instante, una puerta se abrió, y no tenía idea de cuán fuerte me iban a sujetar las cadenas detrás de ella.

Esa decisión se convirtió en un hábito oculto, un refugio falso al que corría cuando estaba estresado, desanimado o espiritualmente seco. Incluso me casé pensando que desaparecería, pero no fue así. La trampa siguió firme. Sonreía en público, predicaba, servía. Pero detrás de puertas cerradas, estaba herido, cargado de vergüenza y culpa. Si alguna vez has cargado un secreto así, especialmente estando en el ministerio, sabes lo solo que uno puede sentirse.

Lo que yo luchaba en las sombras no se quedó en las sombras.

Se derramó en mi matrimonio, mi ministerio y en cómo me veía a mí mismo. El pecado oculto y la vergüenza secreta son como terremotos silenciosos: sacuden todo, incluso las áreas que parecen firmes. Erosionan la confianza, la alegría y la paz, afectando todo lo que amas.

EL COSTO DE UNA VIDA SECRETA

Tal vez tu lucha no es la pornografía. Tal vez es el alcohol, las drogas, el chisme, el enojo o la vergüenza. Tal vez te has convencido de que Dios ya terminó contigo, que no puede perdonarte, que no puede usarte, que tus errores escribieron el último capítulo de tu historia.

Esa es una mentira del infierno. El objetivo de Satanás es robar, matar y destruir, pero Jesús vino para darte vida – Vida real, plena, abundante – que nada ni nadie puede quitarte (Juan 10:10).

La verdad es esta: no estás descalificado. No estás demasiado lejos. Tu llamado no ha sido cancelado. Solo has estado escuchando la voz equivocada, la que susurra duda, miedo y vergüenza. Las luchas secretas te hacen sentir completamente solo, como si nadie pudiera entender lo que estás viviendo. Pero Dios te ve. Él conoce cada rincón oculto de tu vida. Su misericordia es más grande que cada error, cada caída, cada secreto que has tratado de enterrar. No tienes que seguir escondiéndote. No tienes que fingir. No tienes que dejar que la vergüenza escriba tu historia. Puedes salir a la luz, rendírselo a Él y dejar que Dios restaure lo que se ha roto.

DEJA QUE DIOS RESTAURE LO QUE SE HA ROTO

Sé lo que es sentirse atado… sentirte como un títere del pecado, atrapado en un ciclo del que no puedes salir. Pero también he experimentado lo que pasa cuando se lo entregas todo a Dios. Dejas de correr. Dejas de esconderte. Dejas de fingir. Y permites que Dios te reconstruya desde adentro.

Para mí, la restauración no ocurrió de la noche a la mañana. Dios trajo personas a mi vida que pudieron hablar verdad, darme responsabilidad y caminar conmigo en el proceso. Aprendí a orar con constancia, a mantenerme conectado con Él, a leer la Palabra y a rendir esta lucha cada día. También aprendí a no darle espacio al enemigo. Si tengo que cambiar el canal, deslizar rápido o mirar hacia otro lado, lo hago. Es una decisión diaria, pero cada vez que lo hago, siento la libertad y la sanidad profundizarse un poco más.

Igual que el iPad roto, el valor del don no cambia porque esté agrietado. Sigue siendo tuyo. Pero ahora es tiempo de honrarlo, protegerlo y llevarlo de regreso a Aquel que te lo dio. Decir: "Dios, lo rompí. Pero quiero que lo restaures." Él no está enojado. Está listo. Y cuando permites que Él restaure lo que se ha roto, descubres que Su amor, Su misericordia y Su gracia son más fuertes que cada falla, cada vergüenza y cada cadena.

Así que hoy, da ese paso. Entrégale lo que está roto en tu vida. Rinde la vergüenza, la lucha secreta, la culpa que has cargado. Busca a alguien de confianza – tu pastor, un mentor, un amigo cercano - que pueda caminar contigo en este proceso. Deja que Dios lo restaure. Deja que Él te reconstruya, pieza por pieza, y entra en la libertad y el propósito que Él tiene para ti. No esperes otro día. Empieza ahora.

Una Oración desde el Lugar Secreto

Dios,

He cargado vergüenza y silencio por demasiado tiempo.

He enterrado dones que Tú pusiste en mí, dones destinados a bendecir a otros.

He corrido de Ti cuando debí correr hacia Ti, escondiéndome en miedo, culpa y arrepentimiento.

Hoy lo rindo todo.

Sana lo que está roto en mí.

Restaura lo que ha quedado enterrado bajo vergüenza, dolor o temor.

Recuérdame que, aun con grietas y fallas, Tú ves valor en mí.

Dame el valor para caminar en los dones que me has confiado.

Ayúdame a protegerlos, nutrirlos y usarlos para glorificarte.

Ayúdame a caminar en libertad, vivir con integridad y no permitir que la vergüenza hable más fuerte que Tu gracia.

Rodéame de personas que puedan animarme, hablar verdad y mantenerme responsable.

Mantenme cerca de Tu Palabra, firme en oración y sensible a Tu Espíritu. Cuando venga la tentación, recuérdame voltear la mirada, cambiar el canal y fijar mis ojos en Ti.

Restaúrame, Dios. Reconstrúyeme, pieza por pieza. Que Tu amor, Tu misericordia y Tu poder fluyan a través de mis grietas y hagan algo hermoso.

En el nombre de Jesús,

Amén.

Capítulo Cinco

¿Qué Puedes Hacer Con Esto, Dios?

¿Alguna vez has visto tu vida y pensado: "¿Qué podría hacer Dios con alguien como yo?" No solo un pensamiento pasajero, sino una pregunta real que se queda contigo. Una formada por tu historia, tus errores y todo lo que aún se siente inconcluso.

Esa pregunta no es nueva, y es una que yo mismo le he llevado a Dios más veces de las que puedo contar, y Él nunca me ha rechazado.

Hay una historia en la Biblia, en Jeremías 18, que siempre se ha quedado conmigo. Compara a Dios con un alfarero y a nosotros con el barro. El barro no empieza siendo impresionante; es desordenado, sin forma y común. Pero en las manos de un alfarero experto, puede convertirse en algo significativo y útil. El moldear, el girar, la presión, incluso los momentos que se sienten como quebranto, no se desperdician. Todo es parte del proceso que transforma un simple pedazo de barro en una obra de arte llena de propósito. Y ahí es donde muchos nos quedamos atorados.

La verdad es que la mayoría nos descartamos a nosotros mismos antes de que Dios diga una sola palabra. Repetimos nuestro pasado, ampliamos nuestros fracasos y nos quedamos mirando el desastre frente a nosotros. Empezamos a decirnos cosas como: "Dios no puede usar a alguien como yo", "Ya no tengo nada que ofrecer", o "Mi tiempo ya pasó, estoy muy viejo." Pero así no es como Dios te ve.

La Escritura dice:

> "Pero la vasija de barro que estaba formando se echó a perder en sus manos; así que el alfarero volvió a hacer otra vasija, según le pareció mejor hacerla."
>
> Jeremías 18:4 (NVI)

Eso es gracia en movimiento. La vasija no salió como el alfarero esperaba, pero no la tiró. No se alejó. La volvió a formar. Empezó de nuevo. Dios no está esperando que tengas todo en orden; Él está esperando que sueltes.

Eso es algo que yo también he tenido que aprender. Entregarle mis dudas, inseguridades y debilidades a Dios, una y otra vez. Le he dicho más veces de las que puedo contar: "Aquí estoy. Úsame." Y lo que aún me sorprende es esto: normalmente es en mis momentos más cansados, rotos e inseguros donde más lo veo moverse. He subido a predicar sintiéndome inseguro, pensando: "¿Y si me equivoco? ¿Y si las palabras no salen bien? ¿Y si empiezo a tartamudear?" Y aun así, Dios se manifiesta cada vez, llenando el lugar de maneras que no puedo explicar.

Ese es el Alfarero en acción.

Y Él sigue trabajando en mí. Moldeando mis pensamientos, mis emociones, mi corazón, mi mente, mi cuerpo, mi alma. No ha terminado. Y tampoco ha terminado contigo.

Hay Más en Ti de lo Que Crees

Muchos caminamos cargando un potencial sin usar, pesados por palabras que nos dijeron hace años: "Nunca vas a lograr nada." Otros repiten las mismas mentiras: "No estoy calificado. No soy lo suficientemente inteligente. No soy lo suficientemente talentoso."

Lo entiendo. Yo he dicho lo mismo en mi mente y hasta en oración: "Joel, tu español no es el mejor. Tu inglés está quebrado. Mejor quédate callado. Tartamudeas cuando estás nervioso, necesitas ayuda." Ese miedo, esa voz de duda, puede sentirse tan fuerte. Pero esas mentiras no vienen de Dios; vienen directamente del enemigo, porque él sabe exactamente dónde golpearte. Y eso mismo sintió Moisés cuando Dios lo llamó. Trató de convencer a Dios de que se equivocaba, enumerando todas las razones por las que él no era el indicado. Pero Dios ya conocía sus debilidades, y aun así lo llamó.

Igual que con Moisés, Dios mira más allá de nuestras dudas, fallas y temores. Él ve a la persona que somos ahora y a la persona en la que podemos convertirnos, y aun así nos llama. No está esperando que tengamos todas las casillas marcadas; está esperando que nos presentemos y lo dejemos obrar.

¿Será que Él te está llamando al ministerio? ¿Será que te está pidiendo servir a tu comunidad, tu trabajo o tu propia familia? ¿Será que quiere tomar tu historia, esa parte que te da vergüenza, y usarla para traer esperanza y ánimo a alguien más? Sea lo que sea, Él puede y quiere usarte, exactamente donde estás. El Alfarero sigue trabajando, moldeando y refinando. Cada giro, cada presión, cada toque, es parte de Su plan para sacar el propósito que puso dentro de ti. Puede que aún no lo veas, pero Él no ha terminado, y no desperdicia ni un solo momento de tu historia.

ÉL VA CONTIGO

Aquí está la parte que solemos olvidar: Dios no solo te llama, Él va contigo.

Este versículo siempre me toca:

> "El Señor le respondió: 'Yo mismo iré contigo, Moisés, y te daré descanso; todo te saldrá bien.'"
>
> Éxodo 33:14 (NTV)

Dios no le mandó ayuda inmediata a Moisés. No delegó el viaje a alguien más. Le dijo: "Yo voy contigo." A tu trabajo. A tu propósito. A lo desconocido. A los momentos que se sienten inciertos. Y no solo promete presencia, promete descanso. Fuerza para el camino. Paz para la presión. Piensa en la última vez que te sentiste abrumado, inseguro o más allá de tus fuerzas. No estabas solo, y Dios no te ha dejado ahora.

No te estreses por tener todas las respuestas o por tratar de resolverlo todo tú solo. No lo busques en Google, no lo sobrepienses. Confía en que el Alfarero sigue trabajando, y que Aquel que te llamó camina a tu lado. Dios no le dijo a Moisés: "Esto está difícil, te lo voy a hacer fácil." No. Le dijo: "Estoy contigo. Te daré lo que necesitas. Todo estará bien." No porque tú lo tengas todo bajo control, sino porque Él sí.

CUANDO LA CARGA SE SIENTE DEMASIADO PESADA

Recuerdo haber trabajado en un proyecto grande en el pasado. Era abrumador. Noches largas, presión constante, momentos en los que honestamente me sentía rebasado. Pero seguí adelante, porque sabía que rendirme no era opción, y confiaba en que Dios cargaría todo. Cuando el proyecto terminó, fue un gran éxito. En una reunión después, alguien me preguntó: "¿Cómo lo lograste?" Mi respuesta fue simple: "Dios me dio la sabiduría. Todo se lo debo a Él."

En ese momento no entendía por qué tuve que enfrentar tanta presión. Pero mirando atrás, veo el panorama completo. No se trataba del proyecto. Se trataba de confianza. Se trataba de aprender, una vez más, que Dios es fiel. Él realmente termina lo que empieza. Cada desvelo, cada momento estresante, cada desafío, Él lo usó para moldearme, para enseñarme a depender de Él, y para mostrarme que incluso cuando la carga se siente demasiado pesada, Él es quien la lleva. Deja Que Dios Use Toda Tu Historia

"Tus imperfecciones en realidad son algo bueno. La gente no crece a partir de fortalezas; crece a partir de debilidades... Cuando admites tus imperfecciones – cuando eres real con otros – la gente se acerca a ti."

Rick Warren

Piensa en eso un momento. No tienes que esconder tus cicatrices. No tienes que fingir. Dios no está pidiendo una versión pulida de ti; está pidiendo la real. Tu debilidad no te descalifica. Te hace humano. Y Dios recibe la gloria a través de tu crecimiento. Así que deja de esconderte. Deja que Dios te moldee. Deja que te forme. Deja que te rehaga.

Si no has entrado a una iglesia en mucho tiempo, sé lo que quizá estás pensando o hasta bromeando: "Si regreso, se va a caer el edificio." Lo entiendo. Te sientes demasiado lejos. Indigno de redención. Como si tu pasado fuera demasiado vergonzoso y tu historia demasiado complicada para que alguien la entienda.

La verdad es que el techo no se va a caer cuando entres, pero el cielo sí podría abrirse. Porque cuando un corazón regresa a casa – como el hijo pródigo después de años de andar perdido, roto y avergonzado – algo cambia. Dios corre a encontrarte, con los brazos abiertos. El cielo celebra. La gracia entra. El que pensó que estaba demasiado lejos es recibido, no con juicio, sino con amor y perdón.

Imagina al Alfarero en Su rueda, manos sobre el barro, girando, presionando, moldeando. Con cada toque, forma algo deliberado, intencional. Forma no solo el todo, sino cada detalle: tu nombre, tus gestos, tu cuerpo, tus ojos, tu cabello, tu manera de moverte. Puedo imaginarlo mirando Su obra y diciendo: "Aquí no hay error. Esto es exactamente lo que planeé. Estoy complacido con lo que estoy creando." Cada falla, cada grieta, cada parte de tu historia está en Sus manos, y Él sonríe sobre la obra maestra que está formando: tú.

Una Oración en las Manos del Alfarero

Dios,
Si Tú puedes hacer algo conmigo, aquí estoy.
No voy a explicar por qué no estoy listo.
No voy a negociar mi salida del llamado.
Me rindo. Soy barro en Tus manos.

Sigue moldeándome, aun cuando duela.

Sigue caminando conmigo, aun cuando no pueda ver el cuadro completo.

Gracias por no rendirte conmigo.

Gracias por elegirme, con todo y mis fallas.

Ayúdame a entrar en la historia que estás escribiendo con mi vida.

Ayúdame a abrazar mis debilidades, compartir mis cicatrices y dejar que Tú uses mi historia para sanar a otros.

Rodéame de personas que hablen verdad, que me mantengan responsable y que me animen a seguir creciendo.

Amén.

CAPÍTULO SEIS

No Se Requiere Capa de Superhéroe

¿Alguna vez has sentido que el tiempo ya va delante de ti, como si el día hubiera comenzado y tú ya estuvieras atrasado antes de poner un pie en el suelo? Ese ha sido uno de los mayores temas en los que Dios ha tenido que trabajar conmigo: mi tiempo. No solo cómo lo uso, sino cuánta presión me pongo encima.

Hay mañanas en las que despierto y mi mente ya va corriendo: cortar el pasto, hacer el cambio de aceite, ir a la barbería, ayudar en la casa. Cada cosa se siente urgente, como si todo tuviera que hacerse antes del desayuno. Y así, antes de que el día empiece, ya me siento estirado al límite. Llega la noche. Mi cuerpo está cansado, pero mi mente no se apaga. La lista de pendientes sigue dando vueltas, la presión aumenta y la paciencia ya se fue. ¿Te suena familiar?

Ahí es cuando me doy cuenta... no es solo estar ocupado. Es sobrecarga. Hacer más, producir menos y cargar más de lo que debería.

Si estás tratando de alistar a la familia para ir a la iglesia el domingo, lo entiendes. O un lunes, tratando de despertar a los niños, vestirlos y sacarlos a tiempo para la escuela, especialmente cuando se mueven en cámara lenta.

La vida puede sentirse pesada sin importar la etapa: demandas del trabajo, responsabilidades familiares, ayudar a amigos, checar a tus papás, cuidar tu salud o simplemente mantenerte al día con los quehaceres y las cuentas. Hay temporadas en las que parece que todos y todo quieren un pedazo de ti al mismo tiempo. Es agotador. A veces, se siente como si te estuvieras ahogando.

Y luego está ese momento en el que crees que eres "Superman", que se supone que tienes todo bajo control. Te miras al espejo, ajustas tu capa invisible y te das cuenta... estás exhausto. No importa el papel que estés jugando, esa capa no te hace invencible.

NO ESTÁS SOLO EN LA PRESIÓN

Hay mañanas en las que simplemente levantarte de la cama se siente como una batalla. Esa capa de superhéroe, que se supone te hace imparable, de pronto se siente pesada. Hay días en los que despiertas cansado, desgastado, y te das cuenta de que no puede hacerte sobrehumano.

Tal vez acabas de salir del consultorio del doctor con un diagnóstico que te cambió la vida. O tal vez estás en el supermercado, poniendo cosas de regreso en el estante porque tu tarjeta no alcanza para todo. Cuando la vida te está jalando hacia abajo, es fácil pensar que eres el único luchando. Pero la verdad es esta: todos enfrentan presión así en algún momento.

Si ese eres tú ahora mismo, quiero pausar y decírtelo claro: No estás solo. Todos, sí, todos, tienen momentos en los que la vida se siente demasiado. Y la buena noticia: Dios está ahí contigo en medio de todo. No se ha alejado. Te sostiene, aun cuando no lo sientes.

Yo sé lo que es preocuparse, tener miedo, preguntarte cómo vas a salir adelante. Yo también he estado ahí. Déjame mostrarte cómo se vio eso en mi vida.

Una Temporada de Pérdida

Recuerdo una temporada cuando trabajaba en una compañía con horarios pesadísimos. Entraba a las 6 a.m. y salía casi a las 8 p.m. La rutina era brutal, y con el tiempo empezó a desgastarme. Un día, justo antes del almuerzo, mi jefe me llamó a la oficina. Pensé: Aquí viene el aumento por el que he trabajado. No. Me despidieron. Sí, así como lo oyes. Después de todo lo que di, dijeron que ya no me necesitaban.

Salí pensando en mi esposa, mis hijos, las cuentas y la vergüenza. La caminata hacia mi troca se sintió eterna. No sabía ni cómo iba a decirle a mi esposa. Pero cuando la llamé, antes de que yo dijera algo, ella dijo: "Te dejaron ir, ¿verdad?" Yo pensé: ¿Cómo supiste? Y luego dijo algo que nunca olvidaré: "Está bien. Ven a casa."

Esas palabras trajeron una paz que no puedo describir. La vida golpea fuerte a veces, pero eso no significa que estés solo. Dios suele aparecer en los momentos simples y silenciosos. Aun cuando parece que el mundo se cae, todo realmente va a estar bien.

Ven a casa.

NO ES EL FINAL. ES EL COMIENZO.

Tal vez una puerta acaba de cerrarse para ti. Tal vez te preguntas: ¿Qué hice para merecer esto? Escúchame bien: esto no es el final. Puede ser el inicio de un capítulo completamente nuevo.

Cuando me despidieron, estaba amargado. Pensé: Trabajé tan duro. Di tanto... ¿y así termina?

Pero Dios... Él es fiel. Con el tiempo abrió una puerta mejor. Un trabajo más cerca de casa, un puesto donde fui promovido, incluso liderando un equipo bilingüe a nivel nacional. Me dio algo mejor. Pero tuve que caminar por el valle primero.

A veces la lucha no es castigo, es preparación. Cada desvelo, cada desafío, cada momento de incertidumbre, cada pregunta en tu mente. Él te está formando, equipando y enseñando a depender de Él.

Me recuerda a un boxeador en medio de la pelea. Round tras round, recibe golpes, tambalea, piensa que ya se acabó. Está a punto de rendirse. Pero de repente, algo hace clic. Saca fuerzas que no sabía que tenía y lanza un golpe con todo lo que le queda. De pronto, la pelea cambia. Lo que parecía el final se convierte en el inicio de un regreso.

La vida es así. Te sientes golpeado, listo para tirar la toalla. Pero Dios sigue trabajando detrás de escena, dándote tiempo, fuerza y valentía. Lo que parece el final puede ser el momento en que todo empieza a cambiar.

Sigue sembrando, aun cuando no veas resultados. Sigue avanzando. Sigue confiando en Él. Puede que aún no lo veas, pero Dios está trabajando en silencio, convirtiendo tu historia en algo mucho más grande de lo que imaginaste.

SIGUE ADELANTE

> "Siembra tu semilla por la mañana y sigue ocupado toda la tarde, porque no sabes si la ganancia vendrá de una actividad o de otra, o quizá de ambas."
>
> Eclesiastés 11:6 (NTV)

La vida puede sentirse como una pila de pequeños esfuerzos: correos, mandados, oraciones, conversaciones, actos de bondad. Puede que no veas resultados de inmediato. Podrías estar a un momento de un avance.

"Hay cosas mejores que tener éxito, cosas más importantes que 'lograrlo' en la vida, y hay cosas peores que fracasar…"

Pastor David Gibson

Sigue confiando. Sigue dando pasos, aun cuando no veas el panorama completo. Y entonces Dios se mueve. Silenciosa, poderosamente, de maneras que no esperabas. Ahí lo sientes: Su presencia, Su fidelidad, Su mano guiando cada paso. No es solo logro, es Su Espíritu susurrando: He estado contigo todo el tiempo.

TUS EMOCIONES PUEDEN ENGAÑARTE

Seamos honestos. Muy seguido empezamos con lo que sentimos en lugar de empezar con Dios. Es tiempo de despejar tus emociones.

Imagina tu mente como un clóset lleno. Estrés, miedo, duda y errores del pasado amontonados, pesándote. Despejar significa entregárselo a Dios.

Dale la preocupación, el miedo, los errores repetidos. Cuando lo haces, haces espacio para Su paz, Su claridad y Su guía. Dilo en voz alta: "Dios, te entrego esto. Ya no necesito cargarlo." Poco a poco, el peso se levanta. No porque los problemas desaparezcan, sino porque Él los está cargando por ti.

¿Cuándo fue la última vez que realmente te detuviste, te quedaste quieto y recordaste cuán fiel ha sido Dios?

• La vez que proveyó comida cuando tu cuenta estaba vacía.
• El accidente del que nunca debiste salir caminando, pero sobreviviste.
• La puerta que nunca viste venir, pero Él abrió.

Ahora invítalo al silencio de tu corazón y tu mente: "Dios, te entrego este miedo. Te entrego esta ansiedad. Te entrego esta carga."

Nota... no dije mi miedo o mi ansiedad. Cuando lo reclamamos como nuestro, lo cargamos solos. Pero Dios nunca quiso que lo llevaras tú solo. Entrégaselo.

• En lugar de decir "mi depresión", di: "Dios, te entrego esto."
• En lugar de "la vida se siente sin esperanza", di: "Dios, la vida se siente pesada, pero confío en Ti."

Cuando lo haces, algo cambia. La carga no desaparece, pero Aquel que sostiene todas las cosas ahora la sostiene por ti. Tus hombros ya no la cargan. Él sí. La paz entra. La fe crece. El Espíritu de Dios dice: No estás solo.

"Oh Dios, mi corazón está quieto y confiado."
Salmo 57:7 (TLB)

Cuando tu corazón está fijo en Él, el miedo, la ansiedad y la duda pierden fuerza.

HABLA VERDAD SOBRE EL RUIDO

Al enemigo le encanta plantar mentiras, especialmente antes de que tus pies toquen el piso. Pensamientos sobre personas, problemas, pendientes o el futuro pueden empezar a girar antes de que tu día comience.

Esto es lo que he aprendido: no dejes que tus pensamientos manden. Enfréntalos con la verdad de Dios.

> "No se preocupen por nada..."
>
> Filipenses 4:6 (NVI)

Dios no solo nos dice "cálmense". Nos invita a dejar de permitir que la preocupación nos controle. Llévaselo a Él: el estrés, las dudas, los "¿y si...?". Cuando lo hacemos, Su paz llena el espacio donde antes vivía la ansiedad.

Así que oro ahí mismo en la cama: "Señor, mis pensamientos están por todos lados. Pero Tú tienes esto. Dame paz."

Una Oración Para Dejar Que Dios Sea el Héroe

Dios,

Hay días que se sienten como si todo se estuviera desmoronando. Doy todo de mí, pero aun así no parece suficiente. Trato de mantenerlo todo en pie. Por la familia, el trabajo, todos... pero por dentro estoy cansado, abrumado. Honestamente... a veces solo quiero rendirme. Pero Tú me ves. Escuchas las oraciones que ni digo. Recoges las lágrimas que nadie nota. Conoces el peso que cargo, y nunca esperas que lo cargue solo.

Hoy entrego lo que no puedo controlar. El miedo, la preocupación, la presión de ser fuerte. Calma mi mente acelerada. Asegura mi corazón cuando parece que se rompe. Recuérdame que no tengo que ser perfecto, solo presente. Ayúdame a respirar. Ayúdame a confiar en que Tú estás en esto conmigo. Ayúdame a creer que sigues escribiendo mi historia, aun en los días difíciles.

Rindo la prisa. Rindo la presión. Rindo la mentira de que tengo que hacerlo todo solo. Guíame... y yo te seguiré. Un paso a la vez.

En el nombre de Jesús,

Amén.

CAPÍTULO SIETE

Caminante de Tormentas

"Entonces Pedro lo llamó: 'Señor, si realmente
eres tú, ordéname que vaya hacia ti caminando
sobre el agua.' 'Sí, ven,' dijo Jesús."

Mateo 14:28–29 (NTV)

Pedro pidió algo humanamente imposible, y eso es fe audaz. Él y los discípulos habían estado luchando contra el viento y las olas toda la noche cuando Jesús apareció, caminando sobre el agua. La tormenta rugía y el agua estaba agitada. Aun así, Pedro hizo exactamente lo que Jesús dijo. Se puso de pie, salió de lo familiar y caminó directo hacia Él... sobre el agua.

Seamos claros: Pedro no solo metió los pies al agua, caminó sobre ella. Por fe, hizo lo que nadie más en ese barco se atrevió a hacer. Un hombre común haciendo algo extraordinario. Ese momento no tuvo nada que ver con habilidad o experiencia, sino con un corazón dispuesto a confiar y obedecer a Jesús.

Tu vida quizá se siente sacudida, desequilibrada o golpeada por la tormenta ahora mismo, pero nunca verás lo que Dios puede hacer hasta que des un paso más allá de lo cómodo. La zona de confort no siempre es mala; simplemente es familiar. Predecible. Segura. Y a veces te detiene silenciosamente del crecimiento que Dios quiere para ti. Tal vez es un trabajo que te drena pero se siente seguro. Tal vez es el miedo al fracaso que te impide intentarlo otra vez. Tal vez es una rutina que no sueltas porque el cambio se siente arriesgado.

Dios te está llamando a algo más grande, algo que estira tu fe. Quedarte donde estás puede sentirse seguro, pero te impide ver el milagro que Dios quiere hacer. La tormenta no está ahí para aplastarte; está ahí para enseñarte a depender completamente de Él. Cuando das el paso, aun cuando el miedo grita, ahí es donde experimentas lo que la Escritura llama pistis. La Biblia lo traduce como fe, pero es más que creer que algo es verdad. Pistis es confianza activa. Es seguridad que mueve tus pies. Fe que avanza antes de que todo tenga sentido. Es poner peso en lo que Jesús dijo y vivir como si realmente lo hubiera dicho para ti.

Pedro no se sostuvo sobre el agua porque creyó en sí mismo. Se sostuvo porque confió en Aquel que lo llamó. Eso es pistis: no una creencia pasiva, sino obediencia en movimiento.

Y justo ahí, cuando todo se siente incierto e inestable, cuando las olas parecen arrastrarte hacia abajo, ahí es donde Jesús te encuentra. No después de que la tormenta se calme. No cuando ya te sientas valiente. Te encuentra en medio de ella y no te deja hundir.

¿CUÁL ES TU BARCO?

El barco representa aquello a lo que te aferras para sentir seguridad. Es lo que usas como respaldo porque se siente seguro.

Tal vez es tu autosuficiencia – pensar que tú tienes todo bajo control en lugar de confiar en Él. Tal vez es la vida que conoces en vez del llamado que Dios ha estado despertando en ti. Dudas porque el miedo habla: ¿Y si falla? ¿Y si me juzgan?

Pero Jesús está diciendo: Sal. Yo te sostengo.

La tormenta no te hunde. Lo que te hunde es en lo que fijas tu atención. Cuando tus ojos se mueven de Jesús al caos alrededor, el miedo empieza a sentirse más pesado de lo que realmente es. Pedro no empezó a hundirse porque el agua no pudiera sostenerlo. Empezó a hundirse cuando dejó de mirar a Jesús. Su fe tembló, y de pronto las olas parecieron arrastrarlo.

"Pero al sentir el viento fuerte, tuvo miedo y comenzó a hundirse. '¡Señor, sálvame!', gritó."

Mateo 14:30 (NVI)

Fíjate: no fue el agua. Fue el viento. Invisible, pero intimidante. Así funciona el miedo. Empieza sin verse y te arrastra hacia abajo, lento, casi sin aviso, hasta que te das cuenta de que estás abrumado. Pedro era pescador. Había enfrentado tormentas antes y sabía distinguir entre agua agitada y peligro real. Pero esta vez, confiar en sus instintos casi le costó un momento sobrenatural.

Yo he estado ahí... dependiendo de mi propia fuerza en lugar de las promesas de Dios. Cuando lo hice, sentí que me hundía – emocional, espiritual y mentalmente. Pero igual que Pedro, cuando clamé, Dios extendió Su mano.

Toma esto en serio: clamar es solo el primer paso. El siguiente es mantenerte en el camino. La fe – pistis - crece cuando mantienes tus ojos en Él en medio de la tormenta y confías aun cuando todo se siente inestable o imposible. Ahí es donde el cielo toca la tierra y el poder de Dios se manifiesta de maneras que nunca imaginaste.

Así que déjame preguntarte: ¿Cuál es tu barco? ¿Qué estás sosteniendo porque se siente seguro, aunque te esté deteniendo de lo que Dios tiene para ti?

MANTÉN TUS OJOS EN JESÚS

"Pongamos toda nuestra atención en Jesús. De Él viene nuestra fe, y Él es quien la perfecciona."

Hebreos 12:2 (NBV)

Imagina a Pedro otra vez, parado sobre el agua con caos a su alrededor. El momento en que su enfoque cambió, el miedo entró. Eso es exactamente lo que este versículo señala. La palabra "mantener" no es casual. Significa enfoque persistente. No mires de reojo. No revises de vez en cuando. Fija tus ojos y tu corazón en Jesús, especialmente cuando todo se siente inestable. Tu fe, tu próximo paso, tu paz dependen de eso.

Y nota esto: la fe viene de Él. Pedro no creó valentía por sí mismo. Confió en Jesús, y eso fue suficiente. La fe no requiere perfección; empieza en Él.

"Perfecta" no significa sin fallas. Significa completa. Totalmente equipada. Dios toma la fe que traes – pequeña, temblorosa, frágil – y la fortalece. Cuando Jesús dijo: "Consumado es", mostró que todo lo necesario para la fe ya fue provisto. Lo único que queda es mirar, confiar y avanzar. Así que en medio de tu tormenta, la instrucción es simple: mantén tus ojos en Jesús. No mires las olas. No dejes que el miedo robe tu enfoque. Solo míralo a Él.

INTÉNTALO DE NUEVO

Tal vez ya diste un paso antes. Empezaste fuerte, pero la presión aumentó. El miedo entró. Pensaste que quedarte en lo seguro sería más fácil.

Inténtalo otra vez.

Esta vez, no solo sal del barco. Mantén el enfoque. Deja que Jesús sea tu punto fijo cuando todo lo demás se mueve. No dejes que las distracciones roben lo que Dios está haciendo. No dejes que otras voces apaguen la Suya. No dejes que la ansiedad o la inseguridad te regresen.

La fe – pistis – no es ausencia de miedo. Es elegir seguir adelante sabiendo que Aquel que te llamó no te ha dejado. Cada paso tembloroso estira tu fe. Incluso el acto más pequeño de confianza se encuentra con la fuerza de Dios. El miedo no te descalifica. Muchas veces se convierte en el lugar donde Dios demuestra Su poder.

Así que, ¿qué esperas? Empieza otra vez, aunque la última vez no haya funcionado.

FE VS. DUDA

Cuando Pedro empezó a hundirse, Jesús no se alejó. No lo avergonzó. Extendió Su mano de inmediato. "Hombre de poca fe, ¿por qué dudaste?"

La palabra griega para duda, distazō, significa estar dividido. Es como tratar de caminar en dos direcciones al mismo tiempo. La fe avanza; la duda te parte. Pero la duda no te descalifica.
En Marcos 9:24, un padre clama: "Creo; ¡ayúdame en mi incredulidad!" Esa oración es cruda, honesta y real. Y Jesús responde con sanidad. Dios honra la fe rendida, incluso cuando viene mezclada con miedo. La duda no es lo opuesto a la fe; muchas veces es la puerta hacia una dependencia más profunda. Es la oración honesta: "Señor, creo... ayúdame. No puedo con esto solo."

TU TURNO DE CAMINAR

¿Qué estás sosteniendo? ¿Qué te tiene atrapado en miedo? ¿Dios te está llamando hacia adelante, pero lo seguro se siente más fácil? Jesús no apresuró a Pedro. No le gritó. Simplemente lo invitó, paso a paso, al ritmo de la confianza. Este es tu momento.

Sal. Mantén tus ojos en Jesús. Confía en Él cuando el viento ruge. Y camina. Tu paso no tiene que sentirse firme o seguro, solo dirigido hacia Él.

Oración Para Salir del Barco

Jesús,

He estado en este barco por demasiado tiempo.

Me estás llamando a salir, y honestamente, tengo miedo.

El viento ruge. Las olas golpean. Mi fe se siente pequeña.

Pero escucho Tu voz diciendo: "Ven."

Así que aquí estoy, dando el paso. No porque esté listo, sino porque confío en Ti.

Ayúdame a enfocarme en Ti cuando el miedo quiera gritar más fuerte que la fe.

Ayúdame a caminar cuando el camino no esté claro.

Perdóname por las veces que dejé que la duda callara Tu voz.

Por los momentos en que miré la tormenta en lugar de Tu Palabra.

Gracias por no dejarme hundir.

Gracias porque cuando clamé "Sálvame", extendiste Tu mano.

En mi debilidad, Tú eres fuerte.

Cuando me desmorono, Tú me sostienes.

Rindo el miedo, el orgullo y las excusas.

Ya no caminaré en dos direcciones.

Hoy elijo caminar hacia Ti; por fe, no por vista.

Cuando venga la duda, jálame cerca.

Prefiero estar empapado en una tormenta Contigo que seco y seguro sin Ti.

En el nombre de Jesús, Amén.

CAPÍTULO OCHO

El Regreso Le Pertenece a Dios

Hay personas que han estado luchando por tanto tiempo que simplemente ya se cansaron. Se desconectaron de la vida. Tal vez ese eres tú. No solo físicamente, sino en lo profundo de tu alma. La vida se siente en pausa, y en algún punto dejaste de soñar. Dejaste de esperar. Dejaste de creer que algo bueno podía pasar. Así que empezaste a conformarte. Conformarte con cualquier trabajo que pague las cuentas. Conformarte con relaciones que dan un poco de atención, aunque no sean sanas. Conformarte con la idea de que el fracaso ahora es parte de tu historia.

Conoces esa sensación, como cuando tu carro va batallando, corriendo en vacío, y cada milla te exige todo lo que tienes. Así se siente la vida cuando la decepción, el miedo y el cansancio se han ido acumulando por años. Sigues avanzando, pero apenas. Estás sobreviviendo, no viviendo realmente.

Y ahí es cuando empiezan a aparecer las preguntas: ¿De verdad esta es mi vida? ¿Nací para vivir así? ¿Esto es todo?

Acompáñame en este capítulo, porque creo que Dios quiere responder esas preguntas... y recordarte que este no es el final de tu historia.

EL PESO DEL PASADO

En este libro ya compartí que crecí con un impedimento del habla. No solo afectó mis palabras, afectó cómo me veía a mí mismo. Recuerdo a los niños riéndose cuando tenía que salir de clase para ir a terapia de lenguaje. No solo era vergonzoso. Me hacía sentir que algo estaba mal conmigo. Y no sabía cómo defenderme. Cada vez que me ponía nervioso, empezaba a tartamudear. Y esa tartamudez me hacía sentir... pequeño. Inseguro. Como si no perteneciera. Como si no tuviera voz.

Ahora tengo 46 años. Y aunque he sanado mucho, todavía hay días en los que me miro al espejo y veo a ese niño de 10 años otra vez. Aparece antes de una presentación importante en el trabajo. O cuando voy a predicar a un lugar nuevo. O cuando entro a un cuarto lleno de gente que no conozco, y ese viejo miedo se asoma. Y esa voz dice: "Sigues siendo ese niño que tartamudea. Nada ha cambiado. Nadie quiere escucharte."

Esa voz pega fuerte, ¿verdad? Te dice que renuncies, que te escondas, que te quedes seguro, que te quedes pequeño. Lo sientes en el pecho, en los hombros, en el corazón.

Pero aquí está la verdad: no fuiste creado para pelear esto con tus propias fuerzas. Dios lo ve todo, y Él está listo para intervenir. Confiar no es suficiente. La verdadera libertad llega cuando lo sueltas todo. Cada miedo, cada duda, cada preocupación, en Sus manos, todos los días. Dios no te diseñó para ir solo por la vida.

Esto nunca fue Joel contra el mundo.

Deja Que Dios Peleé

Entonces, ¿cómo sigues adelante cuando tu mente está por todos lados y tu corazón está completamente agotado? ¿Cómo das el siguiente paso cuando el pasado sigue susurrando en tu oído, recordándote cada fracaso, cada mala decisión, cada "¿y si...?"? Un día Dios me puso esta pregunta enfrente: ¿Estás tratando de pelear esta batalla tú solo... o vas a dejar que Yo la maneje?

En la Biblia hay una historia increíble: toda una nación, miles de hombres, mujeres y niños, acababan de ser liberados de años de esclavitud. Estaban exhaustos, desgastados y finalmente probando la libertad. Pero ahora... estaban completamente acorralados. El ejército de Faraón se acercaba. No había a dónde correr. Y frente a ellos, un mar enorme, imposible. Olas hasta donde alcanzaba la vista. El pánico subía. El miedo los rodeaba. La gente empezó a quejarse. Casi 500,000 adultos y niños, todos abrumados y asustados, preguntándose cómo iban a sobrevivir.

Y en medio de ese caos, Dios dijo algo que cambió todo:

> "El Señor peleará por ustedes. Ustedes solo quédense quietos."
>
> Éxodo 14:14 (NBV)

Sin plan de batalla. Sin armas. Sin idea de lo que venía. Solo: quédate quieto y confía en Mí. Así es como Dios obra. A veces te llama a actuar. Otras veces… te dice: "Yo me encargo. Quédate quieto."

EL PODER DE LA QUIETUD

Estar quieto puede requerir más valentía que pelear, gritar o correr. No se trata de probar tu punto. Se trata de confiar en Dios cuando todo en ti quiere tomar control. Quietud no significa no hacer nada. Significa elegir dejar que Dios guíe cuando todo en ti quiere controlar. Es quedarte callado cuando alguien te provoca. Es amar a quien te hirió. Es elegir orar cuando el pánico parece más fácil.

Esa última línea de Éxodo 14:14 siempre me impacta: *"Todo lo que tienes que hacer es quedarte quieto."*
La palabra "quieto" en la Biblia no significa congelarte. Significa pausar en confianza—soltar el control y dejar que Dios tome la delantera. Es una postura de rendición, no de pasividad.

Sé que… estar quieto es difícil. Cuando todo alrededor es ruido. Cuando la vida parece fuera de control. Cuando tus emociones están por todos lados. Pero la quietud no es debilidad. Es confianza. Es creer antes de ver el milagro.
Los israelitas tuvieron que creer que el mar se movería. Tuvieron que confiar que dar el paso no sería su final. La quietud es un tipo de fe que se mueve antes de que algo se mueva. Pelear sin

pelear no siempre se ve como fuerza, enojo o perder el control. A veces se ve como no rendirte. No rendirte significa seguir apareciendo cuando nada cambia. Seguir orando, aunque las palabras salgan rotas. Seguir adorando, aunque el corazón esté cansado. Seguir obedeciendo, aunque cueste comodidad, conveniencia o control. Ese es el tipo de pelea que David entendía. No solo blandir una espada, sino aprender a confiar en Dios en los momentos invisibles, cuando la fuerza tenía que venir de un lugar más profundo.

Por eso pudo decir:

"Él es mi fuerza, mi escudo contra todo peligro. Confié en Él, y Él me ayudó. Mi corazón se llena de alegría y estallo en cantos de alabanza."

Salmo 28:7 (TLB)

Porque cuando la pelea es silenciosa, Dios se convierte en tu fuerza. Por eso su adoración era tan valiente. Porque sus victorias no venían de su habilidad, sino de su Salvador.

La adoración y la fe no son solo para los Salmos; son armas para cada batalla de tu vida. Dios Se Manifiesta. Confiar en Dios suena bien... hasta que la vida se pone real. Hasta que te estás quedando sin dinero. Hasta que el refri está casi vacío. Hasta que tu hijo está lejos de Dios y no sabes cómo alcanzarlo. Hasta que tu matrimonio se siente frío, distante y silencioso. La fe no se prueba cuando es fácil; se prueba cuando la necesidad está frente a ti y las respuestas parecen lejos.

Recuerdo una temporada en la que me enfermé y no pude trabajar por meses. Sin plan de respaldo. Sin ahorros extra. Solo cuentas, miedo al futuro y noches largas. El dinero estaba escaso. Como padre, tratas de mantenerte fuerte para tus hijos mientras por dentro te preguntas cómo vas a salir adelante. Oré una oración simple, desesperada: "Dios, por favor, manifiéstate." No fue elegante. No fue teológica. Solo honesta.

Al día siguiente, una pareja que ni conocíamos tocó nuestra puerta con bolsas de comida. No cosas al azar. El cereal exacto que les gustaba a nuestros hijos. Las cosas exactas que necesitábamos.

Dijeron: "Dios nos dio su nombre y dirección. Nos dijo que los bendijéramos." No pude contenerme. Lloré. Porque en ese momento no se trataba de comida. Se trataba de ser visto. De que Dios nos recordara: "Sé dónde vives. Sé lo que enfrentas. No te he olvidado." Dios nos vio. Dios se manifestó. Y la verdad es que Él ya estaba obrando antes de que supiéramos qué pedir. Así trabaja Dios. No siempre llega temprano. Rara vez llega en nuestro tiempo. Pero siempre llega justo a tiempo. Cuando te sientes estirado al límite. Cuando estás corriendo en vacío. Cuando te preguntas si tus oraciones siquiera llegan al cielo.

Recuerda esto: Dios ya está trabajando detrás de escena, alineando provisión, ayuda y gracia que aún no ves. Puede que te sientas solo. Pero no estás invisible. Y nunca estás olvidado.

DEJA DE TRATAR DE ARREGLARLO TODO

Algunos estamos hechos para tratar de arreglar todo. Está en nuestra naturaleza. Cuando la vida se desordena, nuestro primer instinto es controlar, planear, micromanejar. Tratamos de parchar problemas, suavizar el caos y hacer que todo funcione, porque soltar el control se siente como fallar. A veces lo más difícil – pero más liberador – es dejar de tratar de arreglar todo y dejar que Dios sea Dios.

La vida se acumula, ¿verdad? Cuentas, fechas límite, expectativas, miedos... y empezamos a pensar que tenemos que resolverlo todo solos. Pero aquí está la verdad: no fuimos hechos para cargarlo todo.

Si perdiste tu trabajo: pelea aplicando otra vez, sí, pero también confía en que Dios no ha terminado tu historia. Si tu hijo está fuera de rumbo: pelea con oración y amor, no con culpa. Deja que Dios haga lo que solo Él puede hacer. Si la gente habla: pelea quedándote callado, caminando en integridad y dejando que Dios te defienda. Porque al final del día: Dios no necesita tu ayuda. Quiere tu fe. Tu esfuerzo importa, pero no es tu regreso lo que Él está esperando. No tienes que hacerlo suceder.

Así que si sientes que estás al final de la cuerda, sosteniéndote con todo lo que tienes, no te rindas. Tu regreso no depende de ti. Tu avance no está en tus manos. Tu victoria no se trata de probar que puedes hacerlo solo. Tu regreso le pertenece a Dios. Y aquí está lo hermoso: cuando sueltas, Él no solo interviene. Él se manifiesta de maneras que nunca imaginaste. Puertas se abren que no viste. Palabras llegan en el momento exacto. Personas aparecen justo cuando las necesitas. Él se mueve cuando tú no puedes. Déjalo pelear. Déjalo guiar. Y míralo convertir lo que parecía el final... en tu mejor comienzo.

ORACIÓN: DIOS, TOMA LA BATALLA

Dios,

Estoy cansado de fingir que soy fuerte cuando por dentro siento que me estoy desmoronando. He estado peleando sombras, luchando batallas que no son mías, y eso me ha dejado vacío. He cargado vergüenza, miedo y voces que siguen llamándome por mi pasado.

Pero Tú me estás llamando por mi propósito. Hoy me rindo. Suelto la presión. Suelto la necesidad de probarme. Suelto la mentira que dice que tengo que resolverlo todo. No quiero pelear con mis propias fuerzas. Quiero moverme cuando Tú digas moverme y estar quieto cuando Tú digas estar quieto.

Recuérdame que no estoy solo. Recuérdame que Tú ya estás en medio de esto. Habla más fuerte que el miedo, la inseguridad y la derrota. Te entrego la batalla. Te entrego el miedo. Te entrego el regreso. Este no es solo otro capítulo de mi historia. Este es el momento donde Tú entras. El regreso te pertenece a Ti.

En el nombre de Jesús, Amén.

Capítulo Nueve

Entre Lugares
Cuando el Dolor Se Encontró con la Esperanza y la Sanidad

Algunas personas intentan vivir en el presente, pero el pasado todavía las mantiene cautivas. Es como un juego de tira y afloja. Das un paso hacia adelante, pero algo te jala hacia atrás, recordándote cada error, cada pérdida, cada momento de "si tan solo...".

La verdad es esta: los problemas nunca te dejan igual que como te encontraron. Cuando miras atrás, te das cuenta de que ya no eres la misma persona. Tal vez hay más arrugas o algunas canas, pero eso es solo por fuera. Lo más profundo es cómo las experiencias de la vida te han moldeado. Algunas partes de ti se han endurecido; otras se han suavizado. Has sido estirado de maneras que no sabías que podías soportar.

Tal vez antes sonreías con facilidad, pero la amargura se mudó a tu corazón. Tal vez eras el alma de la fiesta, pero ahora la gente duda en invitarte porque solo hablas de dolor. Tal vez la alegría se siente como una visitante, entrando y saliendo antes de que puedas respirar. Estás atrapado entre lugares: no completamente en el pasado, pero tampoco completamente en el presente.

¿Te identificas?

LA MUJER SAMARITANA

Hay alguien en la Biblia que estaba exactamente en ese lugar.

> "Poco después, una mujer samaritana vino a sacar agua, y Jesús le dijo: 'Por favor, dame un poco de agua para beber.' Él estaba solo en ese momento porque sus discípulos habían ido al pueblo a comprar comida. La mujer se sorprendió, porque los judíos no se llevan con los samaritanos. Ella le dijo a Jesús: 'Tú eres judío y yo soy una mujer samaritana. ¿Por qué me pides agua?'"
>
> Juan 4:7–10 (NTV)

Por su cultura, su trasfondo y su género, ella estaba sorprendida de que Jesús, un hombre judío, le hablara.

Esto es lo que sabemos de ella:

• Estaba sola.
• Había estado casada cinco veces y ahora vivía con un hombre que no era su esposo.
• Su reputación en el pueblo era mala.

Ella no solo estaba sacando agua; estaba cargando años de vergüenza, rechazo y relaciones fallidas. Sobrevivía día a día, en silencio, evitando las miradas y los comentarios de la gente. Su historia puede verse diferente a la tuya, pero el peso se siente igual. Tal vez no has tenido cinco exesposos, pero muchos sabemos lo que es evitar personas, lugares, y sentirnos etiquetados de por vida. Hemos cargado vergüenza en secreto, fingiendo que todo está bien, preguntándonos si alguien realmente podría vernos... o amarnos tal como somos.

La valentía de la mujer samaritana era silenciosa. Llegó al pozo sola, en la hora más calurosa del día, cargando todos sus pesos. A veces, simplemente presentarte, aunque sea por un momento, es el primer paso hacia la libertad.

Un Capítulo Que Nunca Planeé

Como la mujer samaritana, yo también puedo relacionarme... en cierta medida. Hubo una temporada en mi vida en la que enfrenté uno de los desafíos más difíciles que he conocido: el divorcio.

Sé lo que es sentirse completamente aislado, atrapado en vergüenza, culpa y soledad. Caminas por el mundo cargando un peso invisible, temiendo el juicio, temiendo ser malinterpretado, temiendo incluso mirarte al espejo.

Luché con si debía compartir esta parte de mi vida. Algunos me dijeron que lo omitiera. El divorcio es un tema del que la gente huye: demasiado doloroso, demasiado complicado, demasiado "innombrable". La gente podría verte diferente. Pero siento que debo incluirlo aquí, sabiendo que algunos de ustedes están caminando por ese mismo camino.

Entiendo el aguijón del juicio y el peso de sentirte un fracaso. Pero si has pasado por un divorcio, o cualquier tipo de quebranto, escucha esto: Dios está presente incluso en los momentos más difíciles. Rodéate de personas que te apoyen: pastores, consejeros, amigos, familia, mentores, porque la sanidad no sucede en aislamiento.

Déjame ser claro: no estoy a favor del divorcio. El matrimonio le importa profundamente a Dios. Fue Su idea antes que la nuestra. Creo en luchar por el pacto, en orar en las temporadas difíciles, en buscar consejo sabio y en invitar a Dios a los lugares donde el amor se siente débil y la esperanza frágil. Pero también creo en decir la verdad.

A veces, a pesar de cada oración, cada lágrima y cada intento de reconciliación, las cosas igual se rompen. No porque Dios falló. No porque la gracia se acabó. Sino porque vivimos en un mundo caído, con personas rotas, heridas profundas y consecuencias reales.

Si estás leyendo esto cargando el peso de lo que no funcionó, escucha: tu historia no está descalificada. No ha terminado. No está fuera del alcance de Dios para sanar, redimir y usar para Su gloria.

Encontrando Esperanza y Sanidad

Creer esa verdad no sucede de la noche a la mañana. Para mí, llegó después de que todo se derrumbó. Cuando el ruido se apagó y quedé cara a cara con mi propio corazón. Tenía una decisión: quedarme atrapado en el arrepentimiento o dejar que Dios comenzara la obra de restauración.

Tuve que encontrarme a mí mismo otra vez. Me acerqué intencionalmente a Dios a través de la oración, el ayuno, la lectura de la Escritura y reconstruyendo relaciones que habían sido tensas o descuidadas. Algunos días me sentía fuerte y esperanzado; otros días me sentía débil y silencioso, pero seguí presentándome. Lo decidí diariamente: acercarme a Él y enfocarme en la sanidad, no en la vergüenza; en la restauración, no en el arrepentimiento.

Dejé de repetir lo que salió mal y le pregunté a Dios qué quería reconstruir. Y aprendí esto: cuando Dios te restaura, no solo repara lo roto. Él transforma cómo amas, cómo confías y cómo te presentas. La sanidad no borra tu pasado, lo redime. La restauración requiere honestidad y humildad, permitiendo que Dios trabaje en lugares que solo Él puede tocar.

Ese trabajo importaba, porque no quería repetir patrones viejos en una temporada nueva.

LA RESTAURACIÓN DE DIOS EN NUESTRA FAMILIA

Con el tiempo, Dios trajo restauración y nuevos comienzos. Me volví a casar con una mujer increíble, Celia – le decimos Cel. Juntos hemos construido un matrimonio basado en fe, confianza y amor intencional. Si Dios quiere, este año celebraremos 12 años de matrimonio el 30 de mayo.

No fue rápido. No fue cómodo. Requirió honestidad, humildad y esfuerzo diario. Tomamos un curso cristiano de matrimonio de 12 meses y nos comprometimos a vivir lo que aprendimos cada día. Ese trabajo transformó nuestro matrimonio y fortaleció nuestra familia.

Nuestra familia ensamblada es una verdadera bendición:

• JJ regresó a casa y actualmente asiste a la iglesia con Celia, Olivia y conmigo. Me enorgullece verlo servir a Dios en el ministerio de jóvenes, en la alabanza y ayudando en la iglesia. Es increíble ver al hombre en el que se está convirtiendo y saber que Dios tiene grandes planes para él.

• Joy también asiste a la iglesia donde vive. Le encantan los retos, es increíblemente inteligente y nunca deja de sorprenderme. Amo a mi niña y sigo creyendo que Dios cumplirá Su propósito en su vida de maneras asombrosas.

• Olivia, o Oli, es divertida, curiosa y llena de energía. Está empezando la preparatoria, se unió al equipo de alabanza juvenil y es nuestra repostera oficial en casa.

Nuestra familia no es perfecta, pero es una imagen viva de la restauración de Dios, Su gracia y la belleza de las segundas oportunidades.

El Momento del Pozo

La mayoría de los judíos evitaban Samaria, aunque era la ruta más corta a Galilea. La tensión era profunda. Pero Jesús no la evitó. Fue directo a encontrarse con una mujer.

> "Si tan solo supieras el regalo que Dios tiene para
> ti y con quién estás hablando, tú me pedirías a Mí,
> y Yo te daría agua viva."
>
> Juan 4:10 (NTV)

Amigo, Dios tiene un regalo para ti: agua viva.

- Sueños vivos
- Gozo vivo
- Paz viva
- Propósito vivo
- Y lo más importante: salvación

A veces estamos tan enfocados en nuestro dolor que no vemos que Él está justo frente a nosotros. Venimos a Jesús con nuestras necesidades, esperanzas y quebrantos, sin darnos cuenta de que

Él está listo para encontrarnos en medio de nuestras luchas. Antes de que el cambio pueda suceder, Él tiene que confrontar la verdad de nuestro corazón.

LA CONFRONTACIÓN

> "Por favor, señor, ¡dame de esa agua! Entonces nunca más volveré a tener sed, y no tendré que venir aquí a sacar agua."
>
> Juan 4:15 (NTV)

Ella estaba lista para el cambio, pero Jesús confrontó su verdad: "Ve y trae a tu esposo." "No tengo esposo." "Tienes razón. Has tenido cinco esposos, y el hombre con el que vives ahora no es tu esposo."

La verdad puede doler. Pero es el único camino hacia la sanidad.

¿No estás cansado de soluciones temporales? ¿De sentirte mejor por un momento solo para volver al mismo lugar?

Jesús la encontró en el pozo, no para avergonzarla, sino para confrontar su verdad lo suficiente como para liberarla.

RESTAURACIÓN

> "La mujer dejó su cántaro junto al pozo y corrió al pueblo, diciendo a todos: '¡Vengan a ver a un hombre que me dijo todo lo que he hecho en mi vida!'"
>
> Juan 4:28 (NTV)

Ella dejó su pasado. Dejó su dolor. Dejó su vergüenza. Y corrió a contarle a todos sobre Aquel que cambió su vida. Eso es restauración: cuando puedes hablar de tus fracasos sin vergüenza, porque ahora traen gloria a Dios.

Dios quiere sacarte de ese lugar estéril "entre dos mundos" y llevarte a una vida que fluye con agua viva. Te está invitando a avanzar, a soltar el pasado y a recibir la plenitud que Él te ofrece.

¿Estás listo?

ORACIÓN POR SANIDAD Y NUEVOS COMIENZOS

Dios,

Vengo a Ti con un corazón abierto. Tú conoces los lugares donde he estado atorado: en el dolor, en mi pasado, en las sombras de mis luchas. Señor, respira en esos lugares rotos. Sana mis heridas, restaura mi corazón y refresca mi alma.

Jesús, Tú encontraste a la mujer samaritana en el pozo cuando estaba sola y cargando vergüenza. Encuéntrame aquí, en mi quebranto. Ayúdame a soltar cada carga, cada arrepentimiento y cada culpa a Tus pies. Rompe toda cadena y lléname con Tu agua viva, Tu esperanza, Tu paz, Tu propósito y Tu gozo. Muéstrame Tu presencia en medio de mis luchas y dame valor para avanzar, aun cuando sea difícil o dé miedo.

Padre, te entrego mi pasado, mi dolor y mi historia. Recibo Tu sanidad y Tu nueva vida. Transforma mi corazón para amar bien, perdonar libremente y vivir plenamente. Convierte mis cicatrices y mis luchas en una historia de Tu gracia que dé vida a otros.

Caminaré en libertad. Abrazaré la alegría. Brillaré Tu luz dondequiera que vaya. Declaro que Tus planes son más altos que los míos, y que nada de lo que está roto está fuera de Tu poder para restaurar y hacer hermoso.

En el nombre de Jesús,

Amén.

CAPÍTULO DIEZ

Ahora Te Toca a Ti Contar Tu Historia

Ya escuchaste mi historia. Las batallas, los valles y las victorias que Dios me ha dado. He compartido luchas y triunfos; no para glorificarme, sino para mostrar cómo Dios se mueve en la vida real y para encender lo que Él quiere hacer en ti.

Ahora, te toca a ti.

Tu historia es mucho más que eventos o emociones. Cada cicatriz, cada lágrima y cada momento en el que pensaste que no te levantarías tiene un propósito divino. Dios no solo está escribiendo una historia, Él está construyendo Su Reino a través de tu vida. Incluso cuando no lo ves, Él está obrando, y tu vida puede ser una herramienta estratégica en Sus manos.

Recuerda: si Jesús vino a redimir a una mujer quebrantada en Samaria, Él puede entrar en tu hogar, tu corazón y tu vida hoy. Tal vez te sientes marcado por tu pasado, atrapado por la vergüenza o cargado por el fracaso. Pero el Dios vivo es más grande que cualquier cadena. Tu historia está lejos de terminar. Es un campo de batalla, y Dios te está invitando a caminar en victoria.

EL PODER DE TU TESTIMONIO

Tu historia carga el poder de Dios. Es un arma que puede romper cadenas, despertar fe y transformar vidas. Esto no se trata de autoayuda o motivación; se trata de la autoridad de Dios moviéndose a través de tu obediencia.

Cuando sales de las sombras y declaras lo que Dios ha hecho en tu vida, Él se mueve. Tu testimonio se convierte en una flecha en Sus manos, capaz de confrontar la oscuridad y traer libertad a alguien que está luchando en silencio. Alguien allá afuera está esperando esperanza, y tu historia podría ser el punto de giro que necesitan.

> "Ellos lo vencieron por la sangre del Cordero y
> por la palabra de su testimonio."
>
> Apocalipsis 12:11 (NTV)

Cada dificultad, cada lágrima y cada "¿cómo pudo pasar esto?" no se desperdicia. Es combustible. Es prueba de que Dios triunfa sobre cada batalla.

Hablar tu historia es solo el comienzo. Dejar que Dios guíe tus palabras es donde empieza el verdadero impacto. Tu testimonio es Su herramienta; decláralo con valentía y observa cómo Él se mueve. Compartir tu camino abre la puerta; caminar con valentía permite que tu vida se convierta en un arma celestial que impacta a una generación.

ABRAZA TU VOZ

Sé que no es fácil. Tu pasado puede doler. Tus heridas pueden sentirse frescas. Compartir tu historia puede dar miedo. ¿Y si me juzgan? ¿Y si no me entienden?

Pero Dios no llama a los calificados; Él llama a los dispuestos. Incluso las partes desordenadas y rotas de tu vida pueden declarar Su gloria. Tu historia puede despertar fe, encender valentía y desmantelar las mentiras del enemigo. Cuando hablas con honestidad, te asocias con Dios para moverte de maneras que van más allá de tu imaginación.

Cada testimonio es una espada contra el miedo, la vergüenza y la desesperanza. Reclama lo que el enemigo intentó destruir y declara que tu regreso en el Señor será mayor que tus retrocesos del pasado. No subestimes lo que Dios puede hacer a través de tu honestidad. Tu quebranto se convierte en un escenario para Su gloria, y Su poder brilla más fuerte en la debilidad. Abrazar el valor de hablar transforma tu vida de una lucha privada a una herramienta del Reino, una declaración del poder, la libertad y la victoria de Dios. Sigue la guía de Dios y observa cómo tu historia deja de ser una cadena y se convierte en una espada, una fuerza de liberación para ti y para otros.

Tu Historia Es un Arma, No una Carga

No estás definido por tus errores o fracasos; estás definido por el amor de Dios. Cada cicatriz, cada arrepentimiento, cada "ojalá lo hubiera hecho diferente" no se desperdicia. Dios puede tomar todo eso. Los momentos desordenados y dolorosos que parecían romperte y convertirlos en algo poderoso que puede ayudarte a ti y a otros.

> "Que lo digan los redimidos del Señor – a quienes
> Él rescató del poder del enemigo."
>
> Salmo 107:2 (NTV)

Tu historia no es una cadena, es un camino. Cuando Dios te guía, incluso los momentos más difíciles pueden convertirse en herramientas de libertad. Cada cicatriz se convierte en testimonio. Cada batalla se convierte en guía para alguien más. Cada victoria apunta a la gloria de Dios. Contar tu historia no es opcional; es trabajo del Reino. Cada verdad que hablas empuja hacia atrás las mentiras, fortalece al cansado y abre camino para que alguien más experimente libertad. Tu historia es una espada que corta la vergüenza. Es una bandera que ondea esperanza en la oscuridad. Es prueba viva de que Dios redime lo que estaba roto. Deja que Dios transforme el dolor en sanidad, los errores en sabiduría y las cicatrices en testimonio. Cada parte de tu camino puede brillar, mostrando Su gloria y trayendo libertad a quien la necesite.

Cuando entras por completo en la historia que Dios ha escrito a través de tu vida, caminas en libertad, una vida ya no cargada por miedo, vergüenza o arrepentimiento. Cada cicatriz se convierte en una historia que vale la pena contar. Cada lucha se convierte en una lección útil para alguien más. Cada victoria se convierte en un faro de la gloria de Dios. Tu historia tiene poder. Tiene propósito. Y cuando la compartes, estás avanzando el Reino, una palabra honesta a la vez.

EL CAMINO POR DELANTE: VIVIR EN LA LIBERTAD DE DIOS

El camino que viene no siempre será fácil. Vendrán desafíos, surgirán dudas y el enemigo intentará susurrar mentiras. Pero no caminas solo. Dios va delante de ti, rodeándote con Su presencia y guiándote hacia la verdadera libertad. Libertad de la vergüenza. Libertad del miedo. Libertad de cada mentira que el enemigo intenta plantar en tu mente. Jesús está tocando la puerta de tu corazón. Si aún no has rendido tu vida a Él, este es el momento perfecto. Su sangre redime, Su Espíritu transforma y Su amor rompe cada cadena.

> "Si declaras abiertamente que Jesús es el Señor
> y crees en tu corazón que Dios lo levantó de los
> muertos, serás salvo."
>
> Romanos 10:9–10 (NTV)

La salvación es un traslado de muerte a vida, un comienzo completamente nuevo. Ora conmigo:

"Señor Jesús, creo que Tú eres el Hijo de Dios. Creo que moriste por mis pecados y resucitaste. Entrego mi vida a Ti. Gracias por salvarme y hacerme nuevo. En el nombre de Jesús, amén."

Si oraste eso, ¡bienvenido a la familia de Dios! Tu historia acaba de entrar en un nuevo capítulo. Uno lleno de autoridad, libertad e impacto para el Reino.

La salvación es la puerta, pero caminar por ella es donde realmente comienza la vida. Dios no solo te salvó; te está invitando a vivir en la plenitud de Su libertad cada día. La libertad no es solo un sentimiento; es una decisión, un estilo de vida, un caminar paso a paso con la guía de Dios.

Ahora que Dios está en tu corazón, es tiempo de tomar pasos intencionales para conectarte con Él, rodearte de creyentes, compartir tu historia y caminar con valentía en Su propósito. La libertad que has recibido en Jesús está diseñada para desbordarse: en tu vida, tu familia y todos los que te rodean. El plan de acción que viene no es una lista de tareas; es un mapa para vivir victoriosamente y plenamente libre a través de la presencia y guía de Dios.

Tu Plan de Acción

1. **Conéctate con Dios Cada Día**. Dedica tiempo a orar, leer la Escritura y escuchar Su voz. Incluso unos minutos pueden cambiar tu perspectiva, fortalecer tu fe y guiar tus decisiones. Empieza con el Evangelio de Juan para ver de cerca la vida y enseñanzas de Jesús. Escribir tus pensamientos o oraciones puede ayudarte a notar cómo Dios está obrando.

2. **Únete a una Familia de la Iglesia**. Rodéate de creyentes que te apoyen, te reten y caminen contigo. Busca una iglesia que enseñe la Palabra de Dios de manera clara, que fomente el crecimiento y viva Su verdad. Involúcrate en un grupo pequeño, estudio bíblico o ministerio donde puedas construir relaciones reales y servir.

3. **Declara Tu Historia**. Comparte tu camino con alguien de confianza. ¡Tu testimonio tiene poder! Puede despertar fe, romper mentiras y traer libertad a alguien atrapado. No esperes perfección; la honestidad es más poderosa que la pulidez.

4. **Vive con Propósito del Reino**. Pídele a Dios que guíe tus pasos. Toma decisiones alineadas con Su Palabra. Vive con intención. Cada acto de obediencia convierte momentos ordinarios en impacto eterno.

5. **Permanece Firme en la Batalla**. La oposición vendrá, pero mantente firme. "Todo lo puedo en Cristo que me fortalece." – Filipenses 4:13 (NVI). Ora, aférrate a la Escritura y recuerda que cada desafío está formando tu fe.

6. **Guarda Tu Mente y Tu Corazón**. Protege lo que permites entrar. Llena tu mente con la verdad de Dios, Su ánimo y Sus promesas. Reemplaza pensamientos negativos con verdad.

7. **Equipa a Otros**. Busca maneras de animar, guiar o compartir lo que has aprendido. Dios usa tu historia para impactar vidas de maneras que quizá nunca verás. Estos pasos no son tareas; son formas de vivir la libertad y la nueva vida que Dios te ha dado. Cada acción te acerca más a Él, fortalece tu fe y te equipa para impactar a otros.

ORACIÓN FINAL

Padre Dios,

Gracias por ser fiel en cada temporada. Hoy elijo dejar atrás el miedo y la vergüenza y abrazar por completo la historia que Tú estás escribiendo en mí. Dame valor para declarar Tu verdad con valentía. Sana cada herida, rompe cada cadena y llévame a la libertad que tienes para mí. Declaro que soy redimido, restaurado y equipado por Tu Espíritu para impactar vidas.

Guía mis pasos cada día. Rodéame de Tu presencia y de personas que caminen conmigo. Reemplaza la duda con certeza, el miedo con fe. Caminaré en autoridad del Reino. Viviré en libertad. Declararé Tu poder dondequiera que vaya. Nada roto está fuera de Tu restauración. Usa mi vida como un arma para Tu gloria.

En el nombre de Jesús,

Amén.

ACERCA DEL AUTHOR

Joel Espinoza es conferencista y autor de Dallas, Texas. Su vida es un testimonio del amor de Dios para salvar, sanar y restaurar. Después de caminar por temporadas de quebrantamiento y redención, Joel lleva un mensaje que llama a esta generación a volver a la identidad, a la verdad y al poder transformador de Jesús.

Comparte el evangelio con una autoridad guiada por el Espíritu que conecta profundamente con las personas y les recuerda que su pasado no los descalifica del futuro que Dios ha preparado. La pasión de Joel es ver a las personas liberarse de aquello que una vez intentó definirlas y dar pasos firmes hacia la vida que Dios creó para que vivieran.

El ministerio más grande de Joel es su familia: su esposa Celia y sus tres hijos, JJ, Joy y Olivia, quienes le recuerdan cada día la fidelidad de Dios.

El Arte De Llegar A Ser es el libro debut de Joel.

Conectemos

Joel Espinoza está disponible para compromisos como conferencista, retiros, conferencias y eventos ministeriales.

Correo electrónico:

joelespinozaministries@gmail.com

Facebook:

https://facebook.com/JoelEspinozaMinistries

Instagram:

https://instagram.com/JoelEspinozaMinistries